GOLDMANN

WOLFGANG DISTEL
WOLFGANG WELLMANN

Der Geist des Reiki

DAI KOMIO

GOLDMANN VERLAG

Dieses Buch ist der heiligen Maria,
unseren Kindern,
Dir
und allen anderen Buddhas gewidmet.

Der Goldmann Verlag
ist ein Unternehmen der Verlagsgruppe Bertelsmann

Originalausgabe Oktober 1995
© 1995 Wilhelm Goldmann Verlag, München
Umschlaggestaltung: Design Team München
Umschlagkalligraphie: Klaus Lehmann
Satz: All-Star-Type Hilse, München
Druck: Pressedruck Augsburg
Verlagsnummer: 13845
Lektorat: Olivia Baerend
Redaktion: Christine Schrödl
Herstellung: Martin Strohkendl
Made in Germany
ISBN 3-442-13845-0

1 3 5 7 9 10 8 6 4 2

Inhalt

5

Vorwort

Während der Arbeit an unserem ersten Reiki-Buch *Das Herz des Reiki* wurde uns bewußt, daß es über die Universelle Lebensenergie viel mehr zu sagen gibt, als sinnvoller Weise in einer Einführung zusammengefaßt werden sollte. Deshalb beschränkten wir uns zunächst darauf, die Grundlagen des Usui Shiko Ryoho, des Usui-Systems der natürlichen Heilung, in einer umfassenden und verständlichen Weise vorzustellen.

Das vorliegende Buch handelt nun davon, wie der Geist des Reiki – das heißt eine durch die Einweihung und Praxis heranwachsende innere und äußere Haltung und Einsicht sowie die Universelle Lebensenergie selbst – sich im Rahmen anderer Heilungs- und Wachstumssysteme befruchtend auswirken kann und inwiefern diese anderen Systeme sich befruchtend auf die Reiki-Praxis auswirken können. Das Buch geht damit weit über die Grundlagen des Reiki hinaus und zeigt auf, was die Integration der Universellen Lebensenergie für die Entwicklung menschlichen Bewußtseins und für viele andere Heilungs- und Wachstumssysteme bedeutet.

Besonders wichtig ist es uns aus diesem Kontext heraus, immer wieder auf den segensreichen Zusammenhang zwischen Reiki- und Meditationspraxis hinzuweisen.

Wir beginnen unsere Ausführungen mit einer Beschreibung der anstehenden Zeitenwende aus astrologischer Sicht. Die Tatsache, daß Reiki jetzt zunehmend an Bedeutung gewinnt, läßt sich aus dieser Perspektive sehr leicht nachvollziehen. Im Wassermannzeitalter verwischen die Grenzen, die hierarchische Einteilung in höhere und niedere Grade sowie Titel verlieren an Bedeutung. Tiefes inneres Erleben auf der Grundlage des eigenen authentischen Seins ist der Ausgangspunkt für die weitere Entwicklung.

Universelle Lebensenergie ist mehr als nur eine Methode, Heilung auf körperlicher, emotionaler und geistiger Ebene zu fördern. Reiki, wie wir es verstehen, ist auch ein Weg, der uns im Laufe der Zeit erahnen lassen kann, was Transzendenz, was Einssein, was Gott bedeutet. Dienen, bedingungsloses Hingeben sind Qualitäten, die wir im Fortgang unserer Reiki-Praxis ganz nebenbei immer mehr lernen können. So öffnet die Übung des »absichtslosen« Handauflegens einigen vielleicht eine Tür zur Meditation, ebnet anderen den Weg, zum Schüler eines spirituellen Meisters zu werden. Von diesem *Zugang zum Zugang* handelt das Abschlußkapitel dieses Buches.

In diesen weiten Rahmen aus astrologischen Zusammenhängen einerseits und spirituellen Sichtweisen andererseits haben wir verschiedene Themenbereiche eingebettet, die für jeden Reiki-Praktizierenden und jede Reiki-Praktizierende auf einer ganz praktischen Ebene wissenswert sind. Es ist unser Anliegen, durch die Vorstellung verschiedenster Sicht- und Heilweisen die heute vielfach noch aus Unwissenheit und Berührungsangst bestehenden Grenzen etwas durchlässiger zu machen und mit dazu beizutragen, daß immer mehr Menschen immer besser zusammenarbeiten, statt sich gegenseitig voneinander abzugrenzen.

Wir wünschen uns, mit diesem Buch die Universelle Lebensenergie noch mehr Menschen nahezubringen und sie anzuregen, viele wunderbare Methoden der Heilung im Zusammenwirken mit Reiki zu nutzen. Wir wollen dazu beitragen, einen Geist gegenseitigen Verstehens und Akzeptierens zu fördern – zum Wohl des ganzen Menschen.

Dankbar erinnern wir uns an die vielen inspirierenden Ideen und die Hilfe vieler Freunde, ohne die dieses Buch nie entstanden wäre.

Reiki zur Jahrtausendwende

Ganz sicher werden sich einige Leser und Leserinnen fragen, warum wir ein Buch über Reiki mit Betrachtungen über astrologische Zusammenhänge beginnen. Schon vor einigen Jahren nannte der Physiker Fritjof Capra eines seiner grundlegenden Bücher *Wendezeit*. Und daß wir in einer Wendezeit leben, das wird immer offensichtlicher.

Die nächste Jahrtausendwende geht einher mit dem fließenden Übergang vom Fische- zum Wassermannzeitalter. In diesem einleitenden Kapitel wollen wir zunächst mit einer inhaltlichen Gegenüberstellung dieser beiden Zeitalter aus astrologischer Sicht beginnen, indem wir die Unterschiedlichkeiten der beiden Entwicklungsphasen der Menschheitsgeschichte skizzieren.

Das bis in unsere Tage hinein wirkende weltweite Religionsverständnis läßt es angebracht erscheinen, angesichts der Gefahr von größeren – vielleicht sogar gewalttätigen – Konflikten religiöser Art auf die verbindende Natur der Reiki-Kraft hinzuweisen – nicht nur, um drohende Gefahren einschränken zu helfen, sondern um als eine Art Gegengewicht breiten Kreisen eine konfessionell ungebundene, gleichwohl aber verbindende Energie nahezubringen. Wer im *Geist des Reiki* handelt, wird Glaubenskonflikte nicht mit Gewalt zu lösen versuchen.

11. Sept. 01 Terroranschlag in NY und Washington

Das Fische- und das Wassermannzeitalter

Innerhalb von rund 26 000 Jahren kreiselt die Erdachse einmal um sich selbst. Diese Zeitspanne wird von den Astrologen den Tierkreiszeichen entsprechend in zwölf Zeitalter unterteilt. Jedes dieser Zeitalter dauert etwa 2160 Jahre. Der Zeitpunkt des Übergangs von einem Sternzeichen in das folgende ist mathematisch nicht ganz genau festzustellen; hier ist der Mensch auf sein Gespür, auf seine innere geistige Schau angewiesen. In Astrologenkreisen ist man sich deshalb nicht ganz einig über den genauen Zeitpunkt des Beginns des Wassermannzeitalters, er wird jedoch irgendwann zwischen 1950 und 2050 datiert.

Von alters her werden den zwölf Tierkreiszeichen – und damit auch den ihnen entsprechenden Zeitaltern – bestimmte inhaltliche Qualitäten zugeordnet, die in astrologischen Handbüchern nachzulesen sind. Um Mißverständnissen vorzubeugen: Diese Qualitäten beeinflussen nicht etwa das Leben des Menschen im Sinne von Ursache und Wirkung, sondern der Astrologe benutzt die Sternbilder und Planetenbewegungen als »Anzeiger«, um aus ihnen zum Beispiel auf das Verhalten der Menschen zu schließen. Er geht dabei von der Annahme aus, daß alles in unserem Universum wesenswert ist, wendet also den bekannten hermetischen Lehrsatz »Wie oben, so unten« an, um in der relativ leicht zu berechnenden Bewegung der Sterne (oben) die »Bewegung« des Menschen (unten) zu erkennen. Daß diese Wesensverwandtschaft existiert, wird inzwischen – wenn auch auf anderen Gebieten – mehr und mehr von der modernen Wissenschaft bestätigt, insbesondere im Zusammenhang mit der Evolutions- und Chaostherorie, die wir im Kapitel über Selbstorganisation und morphogenetische Felder kurz streifen werden.

Das Fischezeitalter löste etwa um Christi Geburt das Widderzeitalter ab. Das Fischezeitalter zeichnete sich zum Beispiel durch eine Idealisierung der Entsagung aus, aber auch durch das Entwickeln von Mitgefühl und bedingungsloser Liebe. In der Antike waren die Delphine ein Symbol für Tod und Wiedergeburt. Gleichzeitig sahen die Menschen in ihnen eine Verkörperung bedingungsloser Liebe. So ist es leicht erklärbar, daß mehrere Jahrhunderte hindurch das Symbol des Delphins als »König der Fische« für die göttliche, die bedingungslose Liebe, für Jesus Christus genutzt wurde.

Ein weiteres Merkmal des Fischezeitalters ist, daß sich hierarchische Strukturen ausbreiten und verfestigen konnten, wie wir am Beispiel der christlichen Kirche sehen, und daß Obrigkeitshörigkeit als Tugend galt. Auf einer persönlichen Ebene bedeutete das unter anderem Beeinflußbarkeit und Fremdbestimmung.

Zur Zeit befinden wir uns im Übergang vom Fische- zum Wassermannzeitalter, und die Einflüsse des Wassermannzeitalters werden für sensible Menschen immer deutlicher spürbar.

Die Konjunktion der Planeten Neptun und Uranus im Jahr 1994 – letzter ist Herrscher des Sternzeichens Wassermann – hat im Verlauf dieses Übergangs einen wichtigen Wendepunkt markiert. Dieses auch als Jahrhundertkonjunktion bezeichnete Zusammentreffen der beiden langsam laufenden Planeten im Zeichen Steinbock dürfte aus astrologischer Sicht der Grund dafür sein, daß die Ereignisdichte weiter zunimmt. Viele Menschen spüren, daß eine Spannung in der Luft liegt, die Wandlung verlangt, daß alles immer intensiver wird. Diese Tendenz wird sich fortsetzen, ja weiter steigern. Warum?

Die Astrologie sieht zwischen den Tierkreiszeichen und den ihnen energetisch entsprechenden Planeten eine enge

Beziehung. So gehört der Planet Neptun zum Zeichen Fische und der Planet Uranus zum Zeichen Wassermann. Die Begegnung von Neptun und Uranus mag wie die Übergabe eines Banners oder einer Stafette anmuten, gewissermaßen als ein Auftakt zu der Phase, in der Uranus sich in sein eigenes Zeichen Wassermann begeben wird. Das ist erstmalig am 1. April 1995 der Fall gewesen. Nach einem kurzen allerersten Hineintauchen in die ihm eigene Wassermannenergie ist Uranus nach einigen Wochen am 9. Juni 1995 vorübergehend wieder in den Steinbock zurückgelaufen, um sich dann 1996 endgültig in den Wassermann hineinzubewegen. Wir haben Grund zu der Annahme, daß dies der wahre Beginn des Wassermannzeitalters ist.

Der Planet *Uranus* repräsentiert das Ungewohnte, das Unkonventionelle, und er gilt auch als Planet der Umbrüche. Es ist bekannt, daß sich die durch Uranus hervorgerufenen Wandlungen gewöhnlich in Form einer verwirrenden Überrumpelung ereignen, daß heißt, daß bislang anerkannte Anschauungen über das Leben in oft brachialer Weise umgestürzt werden. So wurde der Planet Uranus häufig als Planet der unangenehmen Überraschungen betrachtet. Das massierte Auftreffen der Uranusenergie auf die bis in unsere Tage hineinwirkenden Strukturen des Fischezeitalters wird eine neue Flexibilität in allen Lebensbereichen erfordern. Der Mensch wird gut daran tun, zu diesen Entwicklungen eine sehr offene Haltung zu entwickeln und sich dem freien Fluß der kosmischen Kräfteenergie so wenig wie möglich entgegenzustemmen.

Besonders der Übergang der langsam laufenden Planeten in ein neues Zeichen deutet immer auf eine einschneidende Veränderung der Weltlage hin. Für den Eintritt des Planeten Uranus in sein eigenes Zeichen Wassermann wird dies in besonderem Maße zutreffen. Wir hoffen, daß das breite

Spektrum der esoterischen und spirituellen Schulen und Disziplinen die bisherige Außenseiterposition mehr und mehr verlassen kann, wenn sich im gesellschaftlichen Bewußtsein durch die auf uns zukommenden starken kosmischen Einflüsse die Erkenntnis durchsetzt, daß mit dem logischen Verstand allein weder die globalen noch die persönlichen Probleme zu lösen sind.

Aber die Energie des Wassermannzeitalters will uns nicht nur aus eingefahrenen Bahnen und aus unserer oftmals so lieb gewordenen Lethargie herausholen. Sie will in uns den Mut wecken, neue Wege zu beschreiten und die anstehenden Herausforderungen freudig und schwungvoll anzunehmen. Dieser Wandlungsprozeß beinhaltet nicht nur im spirituellen Sinne eine große Wachstumschance.

Wir werden in diesem Buch darstellen, auf welch vielfältige Weise uns die Reiki-Kraft Vertrauen in existentielle Abläufe geben und uns dabei unterstützen kann, unseren Egoismus zugunsten einer umfassenden Menschlichkeit und eines tragfähigen Gemeinschaftssinnes zu transzendieren und Schwierigkeiten leichter zu begegnen. Hier ist der Mensch auf sein Gespür, auf seine innere geistige Schau angewiesen, genau wie es unsere Vorfahren waren, die viel naturverbundener lebten als wir und die aufgrund ihrer Beobachtungen der Sterne die Kräfte am Himmel erkannten.

Ein deutliches Merkmal des Wassermannzeitalters auf der persönlichen Ebene ist es, daß die Suche nach sich selbst und nach dem Sinn des Lebens für immer mehr Menschen immer intensiver wird. Verantwortungsbewußtes Handeln wird verstärkt vom einzelnen ausgehen und dabei auch positive Auswirkungen auf Politik und Gesellschaft haben, schließlich auf die ganze Welt. Wir erleben den Reiki-Prozeß als wunderbare Hilfe, einen selbstbewußten und verantwortungsbewußten Menschen hervorzubringen, der den Geist des Wassermannzeitalters nicht nur versteht, sondern auch in ihm lebt und handelt.

Das Symbol des Wassermannzeitalters ist der Wasserträger, der über die Menschheit die Schale der Lebenskraft und geistigen Energie ausgießt. Unabhängigkeit, Individualität und Menschenfreundlichkeit, Gleichberechtigung und Kommunikation auf geistiger Ebene sind einige seiner wichtigsten Merkmale. Das Wassermannzeitalter birgt in sich die Qualitäten der Öffnung, des weiten Horizonts und freier, individueller Entfaltung auf der Grundlage eigener Erkenntnis. Im Vordergrund steht das Individuum, nicht mehr der Glaube an eine Obrigkeit. Gleichzeitig bedeutet das Wassermannzeitalter auch eine Erweiterung der materiellen und auf Teilaspekte bezogenen Methoden der Heilung um ganzheitliche Ansätze, wie sie im Reiki, aber auch zum Beispiel in der Orgon- und Bachblütentherapie oder in der Homöopathie Anwendung finden.

Aus einer spirituellen Weltsicht heraus zeichnet sich das Wassermannzeitalter dadurch aus, daß spirituelle Denk- und Lebensweisen ohne hierarchische Strukturen mehr und mehr zum Allgemeingut werden und daß spirituelle Suche zur Selbstverständlichkeit wird. Wir Menschen sind aufgefordert, zu lernen, umzudenken und individuell wie kollektiv entsprechend zu handeln. Erleichtert wird dieses neue Denken und Handeln durch ein gleichzeitig in unserem Inneren wachsendes Vertrauen: Das neue Zeitalter wird neue Lösungen mit sich bringen, durch neue, andere, stärkere Energien, durch eine höhere, spirituelle Schwingung.

Wir erkennen dieses spirituelle Erwachen, diesen inneren Aufschwung und den damit verbundenen Drang nach veränderter Lebensgestaltung, persönlich wie global, immer deutlicher. Die alten Strukturen des Fischezeitalters verlieren an Gültigkeit und Attraktivität. In diesem Kontext erscheinen die zur Zeit immer wieder aufflammenden Konflikte und gewaltsamen Lösungsversuche wie ein letztes Aufbäumen, wie das Verhalten eines zornig um sich schlagenden Kindes. Der Mensch unserer Tage fühlt zunehmend, daß neue Antworten gefunden werden müssen, um unserem Zusammenleben neue Formen zu geben und zu ermöglichen, daß die sich entwickelnden Qualitäten des Wassermannzeitalters auch gelebt werden.

So ist es unter anderem eine unserer Aufgaben im Wassermannzeitalter, verloren geglaubte Erkenntnisse vergangener Zeiten wieder hervorzuholen, aus alten Lehren, Überlieferungen und wertvollen Traditionen zu schöpfen und dieses Wissen mit den neuen Erkenntnissen zu verbinden. Das kann zum Beispiel bedeuten, daß in den Pyramiden und Kathedralen verborgenes Wissen wieder zu erforschen und mit den modernen Ansichten über die Struktur des Alls zu verbinden oder das Wissen um die Reinkarnation in psychotherapeutische Heilungsprozesse einfließen zu lassen. In immer mehr Menschen wird sich die Erkenntnis entwickeln, daß wir alle schon oft als Mensch auf diesem Planeten gelebt haben und weiterhin wiedergeboren werden, bis wir vom »Rad des Karma« befreit sind, wie es im Buddhismus heißt. Ganz im Sinne des Wassermannzeitalters fühlen sich in den letzten Jahren viele Menschen der westlichen Welt zur Lehre Buddhas hingezogen, in deren Mittelpunkt Eigenverantwortlichkeit und der Weg innerer Erkenntnis stehen.

Ausdruck des Sternzeichens Wassermann sind persönliche Freiheit, individuelle Expansion und persönliche Vervollkommnung, wobei allerdings zunächst Übergangsschwierigkeiten und Wachstumsprobleme zu überwinden sein werden – individueller, gesellschaftlicher und globaler Art. Die Krise, in der sich der Planet Erde in vielerlei Hin-

sicht derzeit befindet, ist ein Ausdruck dieser Übergangsschwierigkeiten.

Das sich nun allmählich verabschiedende Fischezeitalter
ließ dem einzelnen nur sehr wenig Raum, sich abseits von
den Dogmen der Kirchen, ohne Einmischung der Priester-
schaften bis hin zur Inquisition und nach eigenen Maßstä-
ben mit den Kernfragen des Lebens auseinanderzusetzen.
Oft boten Klöster oder mystische Vereinigungen oder der
völlige Rückzug in die Einsamkeit der Wälder und Berge
die einzige Chance, Selbsterkenntnis, Gotteserkenntnis zu
erlangen. Das beginnende Wassermannzeitalter läßt nun
immer mehr Freiräume entstehen, die immer mehr Menschen die großartige Gelegenheit geben, selbstbestimmter
und individueller zu forschen, zu leben und ihren eigenen
passenden Weg zu Glück und Erfüllung zu wählen. (Be-
zeichnenderweise ist auch die Reiki-Kraft gegen Ende des
Fischezeitalters wiederentdeckt worden und fand erst zu
einer größeren Verbreitung, als der Geist des Wassermanns
in den letzten Jahren mehr und mehr zu wirken begann.)

Der noch im Denken des Fischezeitalters verhaftete Reiki-
Schüler sagt: Ich orientiere mich am Rahmen des Reiki-
Systems und habe ansonsten für alle Antworten meinen
Reiki-Meister zur Seite. Hier genügt dem Menschen zum
Teil Wissen aus zweiter Hand. Unbewußtes Anhaften an
Hierarchien und das Abgeben von Verantwortung kenn-
zeichnen dieses alte Denken. Der im Geist des Wassermannzeitalters lebende Mensch sieht in dem Mitmenschen, der
ihm das Reiki weitergab, einen »Lehrer für das Fach Reiki«,
einen Mitreisenden auf dem Weg zu wahrem Menschsein,
vielleicht sogar einen Freund. Der im Geist des Wassermanns fühlende Reiki-Praktizierende gewinnt sein Wissen
aus erster Hand. Er hält sein inneres Zwiegespräch mit der
eigenen inneren Instanz, dem höheren Selbst, dem inneren

Meister. Reiki ist hervorragend geeignet, im umfassenden Sinn Eigenverantwortlichkeit anzuregen und zu fördern, ebenso die Suche nach innerer Erkenntnis, nach Wahrheit.

Wahrheit kann niemals einengen, sondern sich immer nur befreiend auswirken. Je mehr Menschen durch Reiki und Meditation zu sich selbst und ihrer Wahrheit finden, der Ursprünglichkeit ihres wahren Seins näherkommen, desto klarer wird auch die Lebendigkeit des Reiki in Erscheinung treten. Die Kraft des Wassermanns weckt in uns allen schlummernde Stärke und treibt uns durch unsere Handlungen dazu, aus Ahnung Gewißheit werden zu lassen. Die Kraft des Wassermanns ist Lebendigkeit, ist eigenständige Dynamik, ist auch eine gewisse Kompromißlosigkeit dem Alten gegenüber, ist Weitblick und Experimentierfreude auf der Grundlage der Wahrheit, die uns alle verbindet.

Im Wassermannzeitalter wird es keinen Platz mehr für ein Reiki-»Meistertum« geben. Es wird nur noch der Mensch zählen, gleichgültig, welche Funktion er auch ausübt – als Lehrer, Hausfrau oder Therapeutin. Je eher und vollständiger wir alle von unseren Rollen, Titeln, Identifikationen ablassen, desto größer ist die Chance, daß wir uns an unsere wahre Natur erinnern – an unsere innere geistige Quelle.

Auf diesem Weg erinnern wir uns an ein Leben aus dem Herzen heraus.

Reiki und Religion zur Jahrtausendwende

Höchstwahrscheinlich werden den allermeisten unserer Leser und Leserinnen beim Thema Religion zunächst einmal die christlichen Kirchen ins Bewußtsein kommen, vielleicht auch der islamische Glauben. In den letzten Jahren hat sich mehr und mehr abgezeichnet, daß bei diesem Thema sofort auch eine gewisse Ambivalenz zutage tritt: auf der einen Seite die Religion, der Glaube, Gott, Jesus und der Heilige Geist und auf der anderen Seite die Institution Kirche, die sogar für sich in Anspruch nimmt, Steuern zu erheben. »Gott ja – Kirche nein« titelte der *Spiegel* im Jahr 1993 und traf mit diesem Zitat des Kirchenrebellen Eugen Drewermann offensichtlich ins Zentrum der Volksmeinung. »Die kirchliche Lehre hat sich um die Botschaft des Jesus von Nazareth gelegt wie die Schale um eine Walnuß. Wir müssen sie zerbrechen, um an ihren Inhalt heranzukommen«, fordert Eugen Drewermann.

Der Mensch als die Verbindung von Geist, Körper und Seele ist ein Wesen zwischen Tier und Engel. Und trotz aller Rückfälle in die Barbarei entwickelt sich die Menschheit langsam und stetig aus der Gebundenheit an das Tierische hin zum (Vor-)Bild des Engels, zum höchst spirituellen Menschen. Im Zuge der Evolution muß jeder Mensch die egozentrische Verhaftung an seine physisch-psychische Existenz mehr und mehr überwinden und wahres, mitfühlendes Bewußtsein entwickeln, damit eine Verbindung mit geistigen Seinsebenen möglich und sinnvoll wird. Leitbilder und Wegweiser für diesen Wandlungsprozeß waren und sind auch heute noch ganz wesentlich die großen Weltreligionen.

Bekanntlich laufen den »staatlichen« Kirchen bei uns in Europa aber seit Jahren immer mehr Mitglieder davon, die Kirchenaustritte häufen sich. Die Gründe dafür liegen auf der Hand: Die Kirchen versäumen es, die notwendigen inneren Wandlungen zu vollziehen, die nötig sind, um auch heute noch als Leitbild und Wegweiser angenommen zu werden. Sollte diese Tendenz anhalten, und nur wenig spricht dagegen, dann werden die bisher noch halbwegs anerkannten Orientierungsmuster und Verhaltensmodelle immer weiter an Wert verlieren.

Schon viele Menschen haben sich gefragt, wie ein künftig geltender Wertekonsens im täglichen Miteinander aussehen kann beziehungsweise aussehen muß, um den allgemeinen Verfallstendenzen Einhalt zu gebieten und die Ich-Bezogenheit im zwischenmenschlichen Bereich zu überwinden.

Wir sehen im Erstarken einer neuen spirituell-religiösen Szene außerhalb der christlichen Kirchen einen Ausdruck des tiefempfundenen Bedürfnisses der Menschen, zumindest irgendeinen roten Faden in den Händen zu halten, der einen Kontakt zu einer göttlichen Instanz herstellt – innerlich oder aber leider oftmals auch außerhalb durch selbsternannte Gurus. Gerade im Anwachsen dieser Suche nach wahrer, persönlicher, individueller Religiosität ohne Dogmen, Schriften, Gebote und ohne dazwischengeschaltete Priesterhierarchien ist die Wirkkraft des neuen Wassermannzeitalters bereits zu spüren.

Immer mehr Menschen fühlen in sich den tiefverwurzelten Wunsch, mit sich selbst und der Welt in Einklang und Harmonie zu leben. Lebensenergie ist in ihrer Universalität so unermeßlich, daß sie allen Menschen auf der Erde dient, völlig unabhängig von jeglicher religiösen Bindung oder Ausrichtung im wahrhaft universellen Sinne. So dient sie dem praktizierenden Katholiken ebenso wie dem Buddhisten, der an keinen Gott glaubt, wohl aber Buddha darin nachzuleben trachtet, durch eigene Erkenntnis vollständige spirituelle Erleuchtung zu erlangen. Die Universelle Lebensenergie ist nationalitäten- und religionsübergreifend jedem Menschen zugänglich, der sich ihr zu öffnen wünscht.

Das Leben der meisten Menschen ist gekennzeichnet durch die Suche nach Erfüllung und durch die Hoffnung, daß sich die »Umstände« verbessern werden. Und die Zukunft scheint ungewiß und oft genug bedrohlich zu sein. Das Flüchten in eine neue Art des Fundamentalismus, der sich heute in mehreren Religionen ausbreitet, ist Ausdruck dieser Angst und gleichzeitig auch ein Ausdruck für den Wunsch nach mehr Sicherheit. Streitigkeiten um »die reine Lehre« innerhalb einer Religion und unter alten und neuen Sekten sowie offene Konflikte zwischen den Mitgliedern der verschiedenen Religionen sind in erschreckendem Maße zu beobachten.

Dieses mittelalterliche Denken, dem auch die neuerliche Beschränkung der Stellung der Frau besonders im islamischen Bereich entspringt, muß schnellstmöglich in eine Atmosphäre von Liebe, Achtung und Mitgefühl verwandelt werden. Auch der christlich-abendländische Kulturkreis scheint sich mit dieser Herausforderung konfrontiert zu sehen. Wir wollen durch unser Buch dazu anregen, diese energetische Umwandlung gerade auch durch die Reiki-Praxis zu stärken. Und das geht still, unmerklich, aber wirksam vor sich.

Es ist eigentlich überflüssig zu erwähnen, daß Reiki nicht dazu dient, für diejenigen Menschen zu einer Art Ersatzreligion zu werden, die sich vom christlichen Glauben in der bisher gängigen Form abgewandt haben. Das Reiki-System braucht zwar Vermittler, Lehrer, aber nicht im Sinne einer Priesterschaft, die für den Reiki-Praktizierenden ein Leben lang das »Reiki-Evangelium« auslegt. Es gibt – wenn überhaupt – nur im Rahmen der Einweihungen in die vier Reiki-Grade etwas zu erklären. Dann ist jeder Reiki-Schüler und jede Reiki-Schülerin gehalten, völlig selbständig auf die individuelle Entdeckungsreise zu gehen und nach und nach etwas von dem zu erhaschen, was das Wort »Mitgefühl« wirklich bedeutet.

Die Konzentration auf den Ablauf einer Reiki-Sitzung, die Stille und die Aufmerksamkeit nach innen dienen dem Geist und der inneren Klarheit. Diese Qualitäten können zum

Beispiel einem Christen dabei helfen, zum Seelengrund zu kommen, wie es in der christlichen Mystik heißt. Das Reich Gottes ist in uns selbst, sagt die Bibel. Genau dort soll und kann es erfahren werden.

Gott muß in unserer Seele geboren werden. Aber dafür müssen wir leer sein, sagt sinngemäß Meister Eckehart. Genau das ist der Tenor auch anderer großer Weltreligionen, anderer Meister und Propheten. Ritual, Gebet, Versenkung, Andacht – alles dient dazu, zum inneren Seelengrund zu kommen, den inneren Raum zu erfahren, wie ein Buddhist es nennen würde.

Auch dem Christentum ist der Zusammenhang zwischen Heil, dem Heil-Sein, dem Ganz-Sein und der Heilung nicht fremd. Das heilsame Handauflegen war der christlichen Lehre ursprünglich aus dem Leben Jesu Christi durchaus vertraut. Und genau das ist Reiki gleich zu Beginn und auch weiterhin: Handauflegen und still betrachten. Es ist auch bekannt, daß im christlichen Mittelalter Gebet und Handauflegen bei der Heilung kranker Menschen üblich waren.

Wir hörten von katholischen Ordensleuten, die mit Hilfe des Reiki-Lehrergrades ihren Weg ganz im Sinne der christlich-mystischen Tradition zu Gott gehen. Reiki ist Helfer auf dem Weg nach innen. Wir wissen auch von evangelischen Pfarrern, die ihre Gemeindemitglieder an die buddhistische Vipassana-Meditation heranführen – und an Reiki, weil sie erkannt haben, daß Reiki, meditativ erlebt, die Stille der Meditation und das Gebet in sich trägt. So wird auf diese Weise praktizierenden Christen Hilfe auf dem Weg zu Gott zuteil, auf dem Weg nach innen. Und niemand wird von ihnen verlangen, daß sie die Kirche verlassen, nur weil sie auch Reiki-Praktizierende sind.

Bekanntlich gibt es nicht nur in den USA schon jetzt Tausende von Geistlichen, ehemals katholische Priester, die die Kirche aufgrund ihrer Eheschließung verlassen mußten, die aber von ihren Gemeinden geachtet, gebraucht und geliebt werden. Diese mutigen Männer sind ihrem natürlichen Gefühl gefolgt. Sie beweisen, daß es sogar aus erstarrtem Kontext heraus möglich ist, das Leben in all seinen Formen zu achten und zu fördern, sich selbst und seine Mitmenschen zu akzeptieren, zu lieben und in allem die alles durchdringende Lebenskraft zu spüren.

Diese alles durchdringende Lebenskraft ist auch im Verlauf des Reiki-Prozesses erfahrbar, unabhängig von Kirche, Priester oder Guru. So kann auch der pragmatisch ausgerichtete westliche Mensch, der an »nichts« glaubt, Reiki gewinnbringend anwenden und in den Genuß dieser belebenden und befreienden Energie kommen.

Zusätzlich zu vielen guten neuen Wegen und alten erprobten Traditionen bietet sich das Reiki-System des Dr. Usui an, jedem Menschen offenen Herzens Stütze und Kraftquelle zu sein. Reiki ist universell und direkt von jedem Menschen zu erleben. Und wer in Anlehnung an das Jesuszitat alles prüft und das Beste behält, wird auf jeden Fall feststellen, daß die Reiki-Kraft immer förderlich ist und alle spirituellen Ansätze unterstützt.

So spannt Reiki eine Brücke zwischen der östlichen und der westlichen Hemisphäre, eine Brücke zwischen den Religionen, eine Brücke zwischen dem religiösen Menschen und dem, der an nichts glaubt, eine Brücke auch vom Ich zum Du, eine Brücke vom Individuum zum Kosmos.

Dies ist *eine* Welt, in der wir leben. Deshalb ist es wichtig, das zu finden und zu leben, was uns verbindet, und das aufzulösen, was uns trennt, in gegenseitigem Respekt und über alle religiösen Barrieren hinaus. In diesem Sinne ist Reiki ein Helfer auf dem Weg zu wahrer Religiosität.

Reiki, Selbstorganisation und morphogenetische Felder

Vielen von uns wird immer bewußter, daß die scheinbar so festgefügten Formen unserer Wirklichkeit eben doch nichts Festes, Unveränderliches sind, sondern ein ewiger Tanz von Atomen und Atomteilchen, von Energien und Schwingungen. Was aber formt einen Baum, einen Menschen? Warum sehen wir alle mehr oder weniger gleich aus? Und wo hat Reiki seinen Platz in diesem neuen Weltbild?

Einsichten der Mystiker aus Ost und West, zum Teil seit Jahrtausenden überliefert, gewinnen mit vorwiegend in der letzten Hälfte dieses Jahrhunderts gewonnenen Erkenntnissen der Theoretiker verschiedenster Disziplinen auf einmal auch für die wissenschaftliche Welt Bedeutung: Was die Alten schon immer wußten, können Wissenschaftler heute – zumindest teilweise – nachvollziehen, es folgt »schlüssig« aus ihren Theorien.

Dies ist ein Buch über Reiki, über Universelle Lebensenergie. Die folgenden Ausführungen sind deshalb vielleicht im Sinne der »reinen Wissenschaft« nicht ganz exakt; sie vereinfachen vieles, beinhalten wenige Fachausdrücke. Wir hoffen jedoch, das Prinzip der Selbstorganisation offener dynamischer Systeme und die Theorie der morphogenetischen Felder soweit erläutern zu können, daß die zugrundeliegenden Ideen und Zusammenhänge klar werden. Auf dieser Basis werden wir versuchen aufzuzeigen, warum wir das *Dai Komio*, das Herz des Reiki, veröffentlicht haben und warum schon die schlichte Tatsache der Veröffentlichung für viele Menschen einen leichteren Zugang zu spirituellem Wachstum bedeuten kann. Darüber hinaus beinhaltet dieser gedankliche Ansatz auch ein neues Verständnis dafür, warum Reiki überhaupt für die Qualität unseres Lebens wichtig ist.

Die Selbstorganisation offener Systeme

Vor mehr als hundert Jahren schockierte Charles Darwin die wissenschaftliche Welt mit seiner Theorie über *Mutation*, *Selektion* und das Überleben des Stärkeren. Darwins Argumente traten jedoch schnell einen Siegeszug an. Heute weiß man, daß seine Theorie – wenn überhaupt – wohl nur auf der molekularen Ebene zutrifft. Sie ist nicht ausreichend, die Komplexität und Vielfalt unserer Wirklichkeit zu erklären.

Wo Charles Darwin nur Chaos und Zufall sah, werden jetzt auch von Wissenschaftlern Struktur und Ordnung erkannt; was bislang als »nur noch nicht ganz entschlüsselte« Folge von Ursache und Wirkung angenommen wurde, wird im Licht der neueren Denkansätze plötzlich zu lebendiger Wechselwirkung, die hinstrebt zu immer höherer Ordnung, zu immer mehr Vollkommenheit. Und es ist die Liebe, die von spirituell offenen Menschen immer mehr als die treibende Kraft erkannt wird – als Grund, Weg und Ziel sowohl bei der Verbindung von Atomteilchen zu Atomen und Molekülen als auch bei der Verbindung von Sternsystemen zu Universen.

Relativitätstheorie, Quantentheorie, Chaostheorie, Katastrophentheorie, moderne Evolutionstheorie sind Namen für Entwicklungssprünge der wissenschaftlichen Weltsicht, die in den letzten Jahrzehnten viele Menschen zu völligem Umdenken herausforderten. »*Selbstorganisation*« ist eines der

Schlagworte, die im Kontext dieses neuen Bewußtseins geprägt wurden. Diese Selbstorganisation ist in sogenannten *offenen Systemen* zu beobachten.

Schon 1979 unterstrich Erich Jantsch in dem Buch *Die Selbstorganisation des Universums*, daß die biologische, die soziobiologische und die soziokulturelle Evolution durch wesensverwandte Prinzipien verbunden sind und nicht nur durch analoge (formal ähnliche) – durch Prinzipien, die in vielen Spielarten und auf verschiedenen Ebenen der Evolution immer von derselben Art sind, weil sie, wie die ganze Welt, aus demselben Ursprung stammen. Wir können davon ausgehen, daß diese Wesensverwandtschaft auch mit der heilerisch-spirituellen Ebene existiert.

Der Begriff »*offenes System*« bezeichnet eine Menge von Elementen, die miteinander in Wechselwirkung stehen und darüber hinaus als Ganzes mit der »Außenwelt«. Ein solches System organisiert und strukturiert sich selbst, abhängig von den Anfangsbedingungen und der Art und Weise, wie die Elemente des Systems gegenseitig aufeinander einwirken. Ein *selbstorganisierendes System* erzeugt seine eigene Struktur und behält sie so lange bei, wie genügend Energie hindurchfließt. Verändert sich die Energiemenge über ein bestimmtes Maß hinaus – wird also eine systemspezifische Toleranzgrenze erreicht –, verändert das System seine Form, es organisiert sich neu, es paßt sich an. Erst wenn keine Energie mehr fließt, verliert es seine Struktur. Man könnte auch sagen, es stirbt.

Offene selbstorganisierende Systeme begegnen uns überall. Ob wir unseren Körper betrachten, einen Baum, eine Familie, eine Unternehmung, ein Land oder die Erde als Ganzes (Gaia-Hypothese) – die Dynamik der Selbstorganisation können wir überall wahrnehmen. Allerdings sind die Wirkfaktoren und gegenseitigen Abhängigkeiten normaler-

27

weise so kompliziert, daß wir leicht den Blick für das Ganze verlieren. Deshalb wollen wir hier nur anhand eines einfachen Beispiels aus dem mechanisch-physikalischen Bereich versuchen, die zugrundeliegenden Zusammenhänge zu verdeutlichen.

Stellen wir uns das System »Wasserstrahl« vor. Wenn wir einen Wasserhahn etwas aufdrehen, beginnt Wasser aus dem Hahn zu fließen – ein Wasserstrahl entsteht. Die Elemente des Systems »Wasserstrahl« sind die Wassermoleküle. Die molekularen Bindekräfte zwischen den Wassermolekülen bestimmen, wie diese Moleküle gegenseitig aufeinander einwirken. Die Wasserleitung und das Waschbecken wollen wir als die Außenwelt betrachten. Eine Anfangsbedingung ist zum Beispiel die Form der Öffnung des Hahns. Die Wassermenge, die aus dem Hahn fließt, wollen wir als die Energiemenge interpretieren, die durch das System »Wasserstrahl« fließt.

Wenn wir den Wasserstrahl anschauen, beobachten wir, daß er eine bestimmte Form hat. Die Wassermoleküle organisieren sich »von ganz allein«, damit die eingestellte Wassermenge transportiert werden kann. Drehen wir jetzt den Hahn langsam weiter auf – erhöhen wir also den Energiedurchfluß –, sehen wir zunächst, daß sich die Form des Strahls kaum ändert. Erst wenn eine bestimmte Toleranzgrenze überschritten wird, ändert er plötzlich seine Form. Aus dem anfangs glatten Strahl entsteht schlagartig eine neue Struktur, zum Beispiel eine spiralförmige. Diese neue Struktur bleibt, wenn wir die Wassermenge langsam weiter erhöhen, zunächst erhalten, bis eine neue Grenze erreicht ist. Die alte spiralförmige Struktur ist nicht geeignet, noch mehr Wasser zu transportieren, also löst sie sich auf und geht über in eine neue Form. Vielleicht entstehen mehrere einzelne Wasserstrahlen, oder es bildet sich eine neue glatte

Form. Versiegt der Energiefluß, indem wir den Hahn zudrehen, löst sich der Wasserstrahl auf – er »stirbt«.

Dieses einfache Beispiel verdeutlicht sehr plastisch einige der oben bereits vorgestellten Grundprinzipien selbstorganisierender Systeme: Es bildet sich eine *bestimmte Form*, die sich *von selbst stabilisiert*. Das zeigt, wie eng diese Form mit der Aufgabe, mit dem *Sinn des Systems* verbunden ist – im Beispiel des Wasserstrahls mit der Aufgabe, eine bestimmte Wassermenge zu transportieren. Und es zeigt auch, daß ein selbstorganisierendes System ohne Energiedurchfluß seine Form und Struktur verliert.

Was hat das jedoch mit Reiki, mit Universeller Lebensenergie zu tun?

Rufen wir uns ins Bewußtsein, daß die hier geschilderten Zusammenhänge nicht einfach nur analog auf andere Ebenen übertragen werden sollen, denn wir haben es ja mit wesensverwandten Dingen zu tun im Sinne der alten hermetischen Lehre *»Wie oben, so unten«*. Lebende Systeme – wie zum Beispiel der menschliche Körper mit seinen Milliarden Zellen, mit seinen Organen und Gliedmaßen – erhalten sich selbst, wenn genügend Energie hindurchfließt. *Ein Zustrom Universeller Lebensenergie, der uns zum Beispiel durch die Reiki-Praxis geschenkt werden kann, muß also aus diesen Einsichten heraus (auch) zu einer Stabilisierung der Gesundheit führen.* Viele Reiki-Praktizierende konnten das erfahren.

Natürlich werden auch Reiki-Anwender krank. Das bedeutet aber nicht, daß diese Überlegungen falsch sind, sondern nur, daß in so hoch komplexen Systemen wie dem menschlichen Körper die Zahl der Randbedingungen und gegenseitigen Wirkfaktoren – und damit auch der Störfaktoren – eben sehr groß ist. Es ist auch durchaus möglich, daß zunächst Krankheit erforderlich ist, um eine Heilung im ganzheitlichen Sinne möglich zu machen.

Viele Menschen haben wahrgenommen, daß eine Reiki-Einweihung über das eigentliche Einweihungserlebnis hinaus bei ihnen auf verschiedenen Ebenen Entwicklungssprünge ausgelöst hat. Eine alte Krankheit kann noch einmal aufbrechen, um dann vollständig auszuheilen, seelische Verwundungen steigen ins Bewußtsein, um erlöst zu werden, die familiäre oder berufliche Situation klärt sich. Jemand entwickelt plötzlich seine Intuition, ein anderer findet Zugang zur Meditation, ein dritter erlebt ein neues Vertrauen zu seinem Gott. Und immer öffnet sich das Herz-Chakra etwas. In der Terminologie der modernen Evolutionstheorie könnte man diesen Zusammenhang so ausdrücken: Die Zufuhr von Lebensenergie durch die Einweihung führt das ganzheitliche System »Mensch« in eine neue Struktur, eine neue Form, die geeigneter ist, die nun höhere Lebensenergie durchfließen zu lassen.

Die Erkenntnisse über Selbstorganisation lebender Systeme lassen solche Entwicklungssprünge erwarten, weil die Prinzipien der Evolution auf allen Ebenen der Wirklichkeit wesensverwandt sind. Es erscheint uns erfolgversprechend, das Denken der modernen Evolutionstheorie auf den Reiki-Prozeß anzuwenden, bietet es doch auch den nüchtern und wissenschaftlich denkenden Menschen, den »Realisten« unter uns, die Gelegenheit, Zugang zu Reiki zu finden und es nicht gleich als mystische Spinnerei abtun zu müssen. Wenn die intuitiv-spirituelle Welt der Reiki in Zukunft intensiver mit der Domäne der sogenannten exakten Wissenschaft zusammenarbeiten würde, könnte eine gegenseitige Befruchtung stattfinden, die sowohl der Wissenschaft als auch – vielleicht sogar in besonderem Maße – dem Reiki-System dient.

Wir können und wollen hier nicht mehr tun, als einige Anstöße zu geben, nur einige Ideen vorsichtig in den Raum zu stellen in der Hoffnung, daß unsere Gedanken aufgegriffen und weiterentwickelt werden. Die fundierte Ausarbeitung eines solch komplexen Themas ginge weit über den Rahmen dieses Buches hinaus. Gleichzeitig sollten wir aber nicht versäumen, uns an dieser Stelle mit dem amerikanischen Meditationslehrer Da Free John zu besinnen: »Verstehen bedeutet, mit den Erscheinungsformen in Beziehung zu stehen und sich inmitten der Erscheinungen nicht durch den Prozeß der Identifikation, der Differenzierung oder des Verlangens verwirren zu lassen.«

Unseren kleinen Ausflug in die Welt der Wissenschaft wollen wir allerdings nicht beenden, ohne Rupert Sheldrakes *Theorie der morphogenetischen Felder* und ihre Implikationen für Reiki und Reiki-Symbole vorgestellt zu haben.

Was sind morphogenetische Felder?

Organismen besitzen die erstaunliche Fähigkeit, ihre Ganzheit zu wahren und sie sogar nach Verletzungen wiederherzustellen. Wer hat sich nicht schon einmal in den Finger geschnitten und nach einiger Zeit festgestellt, daß von der Wunde nichts mehr zu sehen ist? Diese Beobachtung brachte die Entwicklungsbiologen auf die Idee des morphogenetischen Feldes (aus dem Griechischen: *morphe* = Form, *genesis* = Entstehung).

Der Begriff »*morphogenetisches Feld*« wurde von dem russischen Biologen Alexander Gurwitsch (1874–1954) geprägt und von dem Engländer Rupert Sheldrake Ende der siebziger Jahre erweitert zur *Hypothese der formbildenden Verursachung*. Diese Hypothese konnte inzwischen in vielen Bereichen experimentell bestätigt werden.

Sie basiert auf der Annahme, daß unser Universum, unsere Welt mit all ihren Erscheinungen bestimmten Mustern folgt. Diese Muster sind nichts Statisches, sondern entstehen und verändern sich im Laufe der Zeit durch Wiederholung von Ereignissen. Jeder Form und jedem Verhalten liegen unsichtbare Konstruktionspläne zugrunde, Konstruktionspläne, die weder Raum noch Zeit angehören. Diese morphogenetischen Felder sind frei von Materie und Energie, sie sind sozusagen *reine Information*. Sie beeinflussen über Raum und Zeit hinweg alle Erscheinungen, alle Formen und alles Verhalten mittels *morphischer Resonanz*.

Alle Informationen, die durch (neu) entstehende Formen und (verändertes) Verhalten erzeugt werden, verstärken und verändern auf dem gleichen Weg wiederum die morphogenetischen Felder. So sind alle Informationen, die von Anbeginn aller Zeit an entstanden sind, für alles neu Entstehende verfügbar. Da die morphogenetischen Felder entsprechend Sheldrakes Hypothese jenseits von Raum und Zeit existieren, bedeutet das auch, daß Informationen aus den Bereichen, die wir Zukunft nennen, abrufbar sind. All diese Informationen sind über die morphische Resonanz jederzeit verfügbar.

Morphische Resonanz bedeutet nicht, daß eine Energieübertragung von einem System auf ein anderes stattfindet. Was hier übertragen wird, ist *Information*, nicht Energie oder Materie. Beispiele für diese Art der Übertragung können in der Homöopathie oder der Bachblütentherapie gesehen werden. Auch die Anwendung der Reiki-Symbole gehört unserer Meinung nach dazu.

Rupert Sheldrake geht von der Annahme aus, daß die Struktur eines morphogenetischen Feldes sich aus den Formen oder Strukturen ähnlicher Felder in der Vergangenheit herleitet. Dieses »Gedächtnis« scheint so zu funktionieren, daß es eine Art von Resonanz gibt zwischen dem, was neu entsteht, und dem, was bereits vorher entstanden ist. Diese morphische Resonanz beruht auf *Ähnlichkeit*. Je mehr eine

32

existierende Form dem gleicht, was bereits früher existiert hat, desto stärker ist die morphische Resonanz. Und je mehr dieser ähnlichen Formen es in der Vergangenheit gegeben hat, desto direkter ist ihr Einfluß auf das, was neu entsteht. Da eine Form sich selbst am ähnlichsten ist – es gibt schließlich nichts, was zum Beispiel mir so ähnlich ist wie ich selbst –, erklärt diese Hypothese auch, warum uns unsere Welt so fest und stabil vorkommt.

Wenn sich ein Angehöriger einer biologischen Gattung ein neues Verhalten aneignet, wird sein morphogenetisches Feld verändert. Behält er sein Verhalten lange genug bei, beeinflußt die morphische Resonanz, die zwischen allen Mitgliedern der Gattung besteht, das Verhalten der gesamten Gattung. Praktisch heißt das, wenn ein Affe gelernt hat, Früchte vor dem Essen zu waschen, so werden nach einer gewissen Zeit alle Affen dieses Verhalten kennen, auch ohne daß sie jemals mit dessen Erfinder in Kontakt gekommen sind. Wer heute lernen will, mit einer Schreibmaschine umzugehen, sollte allen Menschen dankbar sein, die sich vor ihm abgemüht haben, die doch sehr ungewöhnliche Anordnung der Buchstaben auf der Tastatur zu büffeln. Durch das Phänomen der morphischen Resonanz ist es heute wesentlich leichter, sie zu lernen, als kurz nach der Erfindung der Schreibmaschine.

Aber es geht nicht etwa nur um Verhaltensweisen. Fast alle großen Erfindungen der Menschheit wurden von verschiedenen Personen, die räumlich vollkommen voneinander getrennt waren und auch sonst keinen Kontakt miteinander hatten, mehr oder weniger gleichzeitig gemacht. Während es Jahre dauern kann, bis es gelingt, eine neue chemische Verbindung erstmals zu synthetisieren, gelingt es einem Konkurrenzunternehmen oft kurze Zeit später ebenfalls, wenn diese Verbindung erst einmal irgendwo existiert.

(Es soll schon der Verdacht aufgekommen sein, daß gewisse Chemiker die Moleküle an ihrer Kleidung quer durch die Welt getragen haben, weil sich niemand diese Tatsachen erklären konnte.)

Wenn wir davon ausgehen, daß alle Vorgänge im Universum wesensverwandt sind, was bereits im Zusammenhang mit der Selbstorganisation lebender Systeme angesprochen wurde, so lassen sich die beschriebenen grundlegenden Annahmen und Beziehungen auch auf esoterisch-spirituelle Kontexte übertragen. Uns ist bewußt, daß wir diesen Gedanken über die von Rupert Sheldrake direkt angesprochenen Themenbereiche der Formbildung und das Verhalten hinausgehen.

Was aber hat die Hypothese der formbildenden Verursachung, die Theorie der morphogenetischen Felder, die Annahme einer morphischen Resonanzwirkung mit Reiki zu tun?

Zunächst wird verständlich, warum sich das Usui-System so schnell verbreitet hat. Vom Zeitpunkt der (Wieder-)Entdeckung der Universellen Lebensenergie durch einen einzelnen Menschen, Dr. Usui, bis hin zur weltweiten Verbreitung sind nicht einmal achtzig Jahre vergangen, während diese Kraft zuvor viele, viele Jahrhunderte lang in dieser Form nicht bekannt war. Ist etwas einmal in der Welt und wird es genügend oft wiederholt, kann es von vielen Menschen um so leichter akzeptiert werden.

So wird es auch glaubhafter, wenn in letzter Zeit einige Menschen von sich behaupten, sie hätten einen direkten Zugang zur Universellen Lebensenergie erhalten, ohne von einem der direkten Nachfolger Dr. Usuis eingeweiht worden zu sein. Ein bekanntes Beispiel dafür ist Eckard Strohm, der 1991 die Reiki Association International gründete. Traditionalisten, die behaupten, das sei nicht Reiki, haben nur insoweit recht, als *dieses* Reiki nicht von einem linientreuen Reiki-Lehrer sanktioniert wurde. Ob es sich hier um Universelle Lebensenergie handelt oder nicht, kann – wenn überhaupt – nur anhand der Wirkung festgestellt werden und sollte nicht Gegenstand von Kompetenzgerangel sein.

Jeder Reiki-Praktizierende vom 1. Grad bis hin zum Lehrer-Grad, muß sich darüber bewußt sein, daß alles, was er im Zusammenhang mit Reiki tut, denkt, fühlt, woran er im Zusammenhang mit Reiki glaubt, Eingang in das morphogenetische Feld des Reiki findet. Die von jedem bewußten Menschen erfahrbaren Wirkungen der Universellen Lebensenergie sind so segensreich, daß sich allerdings von ganz allein eine Haltung der Dankbarkeit und Wertschätzung entwickelt – sei es bereits bei der Einweihung oder auch erst im Laufe der Zeit –, so daß keine besondere Veranlassung besteht, nun »vom Kopf her« eine solche Haltung zu pflegen. Schaden kann ein ganz bewußt respektvoller und dankbarer Umgang mit Reiki aber auf keinen Fall.

Im Lichte der Theorie morphogenetischer Felder ließe sich die Einweihung in einen Reiki-Grad beschreiben als die Herstellung morphischer Resonanz zum morphogenetischen Feld aller Reiki-Praktizierenden und zur Quelle der Universellen Lebensenergie selbst. Was diesen Vorgang allerdings wirklich auslöst, läßt sich zwar nicht bis ins Letzte erklären. Wir sind uns aber absolut sicher, daß nicht nur die Ausführung eines bestimmten Rituals für die Weitergabe der Reiki-Kraft ausschlaggebend ist. Hier wirken Kräfte, die mit dem Ego, mit der Person des Reiki-Lehrers, nichts zu tun haben. Was allerdings unmittelbar damit zu tun hat, ist eine Haltung des Dienens, der Demut und Dankbarkeit und vor allem ein inneres Leersein des Reiki-Kanals. Wir erwähnen dies besonders, damit nicht der Eindruck entsteht, die Reiki-Einweihung sei ein rein mechanischer Vorgang.

Jeder, der sensitiv veranlagt ist oder mit einem Pendel umgehen kann, ist in der Lage festzustellen, daß bestimmte Symbole Kraft ausstrahlen. Wir glauben, daß die Reiki-Symbole, wie viele andere Symbole auch, Mittler sind, die unter bestimmten Umständen eine Resonanzwirkung herstellen. Diese Mittlerkraft wird durch die Einweihungen im Rahmen des 2. und 3. Reiki-Grades sehr verstärkt, ist aber in geringerem Maße ohne Einweihung vorhanden.

Das auf dem Umschlag abgebildete Symbol *Dai Komio* (chinesisch: *Da Guang Ming*) besitzt eine erhöhte Photonenemission, wie sie auch zum Beispiel in bestimmten Kirchen oder an Kraftplätzen zu messen ist. Der Ort, an dem sich dieses Symbol befindet, wird zu einem Ort der Kraft. Dieses Symbol, *das große Licht*, ist ein Mittler zu dem Licht, das in uns allen strahlt.

Dai Komio und der leichtere Zugang zu Heilung und spirituellem Wachstum

Jeder von uns ist schon Menschen begegnet, die sich in einer für sie unbefriedigenden Situation befinden, die frustriert, unerfüllt oder krank sind. Aber gerade Phasen seelischer Bedrängnis sind geeignet, den Wunsch nach Veränderung wirklich spürbar werden zu lassen, und sie haben von daher auch ihren großen Wert. Doch der schier ausweglose Alltagstrott, die vermeintliche Unauflösbarkeit von Zwängen und einschnürenden Notwendigkeiten sowie das von vielen Mitmenschen verstärkte Gefühl der Hilflosigkeit machen allzu oft selbst die starken Impulse in Richtung persönliches Glück und spirituelle Entwicklung zunichte. Unzählige sind daran durch Jahrzehnte, durch Jahrhunderte, durch Leben hindurch immer wieder gescheitert und haben resigniert aufgegeben.

Vielen Menschen geht es aufgrund einer Erkrankung in allererster Linie um Heilung, anderen ist vor allem an spirituellem Wachstum gelegen, weil sie wissen, daß sie um diesen so wichtigen Aspekt des Daseins nicht mehr länger herumkommen. Aber wie sieht der richtige Einstieg aus? Zu viele Scharlatane, Geldschneider, Dilettanten, Möchtegerngurus usw. haben bereits vielen gutwilligen Menschen den Mut zum Weitergehen genommen. Und das hat sich herumgesprochen. Viele haben keine Kraft oder einfach keine Lust mehr, neue Angebote, Kurse, Workshops, Seminare wahrzunehmen, obwohl gerade das für sie das Allerwichtigste in ihrem Leben geworden ist – Zugang zu spirituellem Wachstum zu finden, das das Leben bereichert, den Alltag erleichtert und einfach alle Daseinsbereiche auf ein höheres Niveau hebt. Betrachten wir vor diesem Hintergrund die Veröffentlichung des *Dai Komio*.

Die Reiki-Kraft, die als ein Geburtsrecht jedem Menschen zur Nutzung zusteht, hat es, wie wir bereits im Prolog zu unserem ersten Buch, *Das Herz des Reiki*, anklingen ließen, aus sich selbst heraus initiiert, in dieser entscheidenden und so brisanten Phase der Menschheitsentwicklung allen Menschen, die sich dafür öffnen, einen neuen, einen im orthodoxen Reiki-Sinne revolutionären Zugang zu ermöglichen. Der Entschluß, das Symbol *Dai Komio* zu veröffentlichen, war für uns keine Kopfentscheidung, kein Taktieren, kein Impuls, um spektakulär Aufmerksamkeit auf uns zu lenken. Es war einfach eine plötzliche, zweifelsfreie Einsicht – weit über unsere ursprüngliche Absicht hinausgehend, ein nützliches Reiki-Handbuch zu schreiben: Die Zeit ist reif, das *Dai Komio* allen Menschen zugänglich zu machen.

Diese Entscheidung haben wir durchaus schweren Herzens getroffen, bedeutet es doch auch für uns einen vollkommenen Bruch mit aller Tradition. Wir wußten aber in unserem Herzen: Es ist richtig so. Erst viel später kam uns nach und nach die Wirkungsweise morphogenetischer Felder ins Bewußtsein und damit auch eine intellektuelle Begründung, warum allein die Tatsache der Veröffentlichung positive energetische Wirkungen zeigen kann.

Worin liegt der große Gewinn für jeden einzelnen, für die Gesellschaft, für die ganze Menschheit? Dadurch, daß das Symbol *Dai Komio* für Zehntausende öffentlich sichtbar ist, kann es seine segensreiche Schwingung ausstrahlen, was bisher in diesem Umfang noch nicht möglich und auch nicht angebracht ist.

Im ersten Kapitel des vorliegenden Buches haben wir zu verdeutlichen versucht, wie wichtig in den Jahren um die Jahrtausendwende jede nur erdenkliche Hilfestellung für die Menschen ist. *Dai Komio* – gesehen, gehört, gezeichnet, gechantet und insbesondere formal eingeweiht durch einen ausgebildeten Reiki-Lehrer – ist eine Hilfe für uns Menschen in dieser Zeit, die uns zu unserem Nutzen und Wohl übergeben worden ist. *Dai Komio* eröffnet einen Weg zu dem, was im buddhistischen Sprachgebrauch die *unendliche Raumklarheit des Geistes* genannt wird.

Geheimniskrämerei und mit der Übermittlung dieses Symbols verbundene Geschäftemacherei, Relikte des Fischezeitalters, gehören durch die Veröffentlichung der Vergangenheit an. Dem gegenüber wird sich das morphogenetische Feld des *Dai Komio*, das ja Licht, Befreiung, Zugang zur Erleuchtung bedeutet, aufbauen und verstärken.

Die bisherigen Aussagen dieses Kapitels gelten für alle Menschen, die dieses Symbol kennen. Eines müssen wir hier allerdings ganz besonders betonen: Um mit diesem Symbol auf einer energetischen Ebene *selbst* arbeiten zu können, ist es erforderlich, von einem ausgebildeten Reiki-Lehrer in dieses Symbol eingeweiht worden zu sein. Erst durch die Einweihung wird es uns ermöglicht, im Verlauf der Reiki-Praxis nach und nach etwas von der wahren Tiefe des Meistersymbols zu erfahren.

Und auch dies wollen wir nochmals betonen, weil es für die Arbeit mit den Techniken des 2. Reiki-Grades bedeutend ist: Das sogenannte Meistersymbol hebt alle Reiki-Praktiken aus der Mentalebene heraus in eine Ebene des Nichttuns, der Transzendenz, des Tao, des Mahamudra.

Das Mantra des Symbols

Bedeutung: das Licht
- *Dai* = groß, allgegenwärtig, umfassend
- *Komio* = Licht, strahlend, spirituell, geistig

Einzelbedeutung:
- das große Licht
- Erleuchtung
- die große Energie
- Bewußtsein

Aufgabe des Symbols:
- hohe Energieschwingung schenken
- Unterstützung auf dem spirituellen Entwicklungsweg
- Weitergabe der Reiki-Kraft

Im Rahmen der Anwendung diese Symbols wird üblicherweise nicht die kalligraphische Version, wie sie auf dem Umschlag abgebildet ist, benutzt, sondern eine mehr oder weniger stilisierte Abwandlung dieses Zeichens, zum Beispiel die hier vorgeschlagene. Alle Reiki-Schüler und -Schülerinnen sollten jedoch die Version des Symbols benutzen, die ihnen ihr Reiki-Lehrer bei der Einweihung übergeben hat.

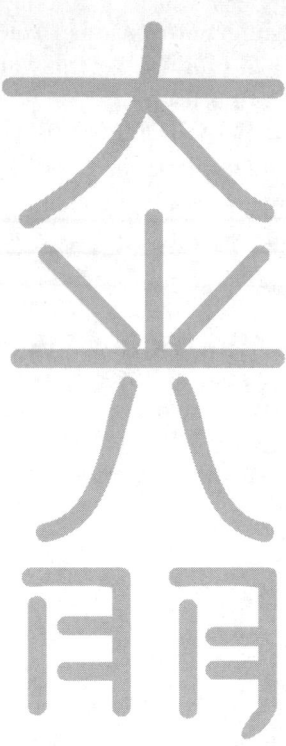

Es ist hilfreich, die Bedeutung der einzelnen Piktogramme dieses Symbols einmal näher zu betrachten.

yi = Einheit, Eins

Re'n = Mensch

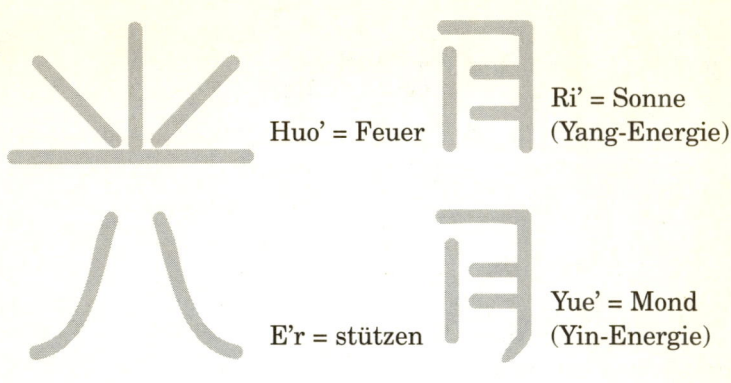

Huo' = Feuer

Ri' = Sonne
(Yang-Energie)

E'r = stützen

Yue' = Mond
(Yin-Energie)

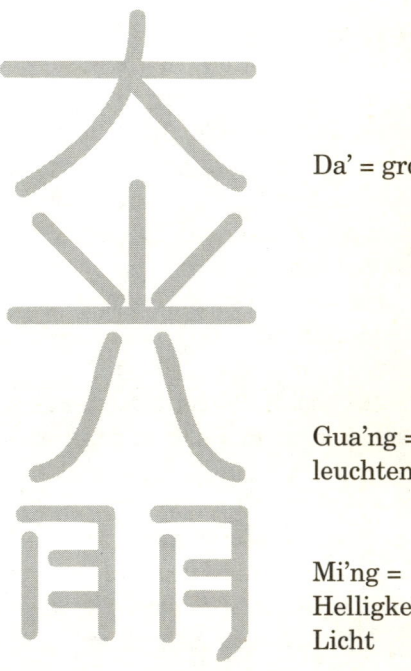

Da' = groß

Gua'ng =
leuchtend

Mi'ng =
Helligkeit,
Licht

Dai Komio = großes, leuchtendes Licht

Wir haben das Meistersymbol in seine einzelnen Piktogramme zerlegt, um dem Betrachter die Möglichkeit zu
geben, auch einen intellektuellen Eindruck von der Tiefe
dieses Symbols zu bekommen. Es geht aber eigentlich nicht
darum, die Einzelbedeutungen zu untersuchen, sondern das
Symbol als Ganzes auf sich wirken zu lassen.

Die Nutzung des Dai Komio

Hier nun einige Vorschläge, wie wir dieses Symbol in unsere
Reiki- und Lebenspraxis integrieren können:

Chanten

Besonders das Chanten (rhythmisches Singen) des Mantras
Dai Komio hat den Effekt der Zentrierung im Inneren.
Indem sich dadurch die Anhaftung an unsere Identitäten
aufzulösen beginnt und wir erfahren können, daß wir uns
immer weiter ausdehnen, spüren wir auf einmal, wie grenzenlos wir tatsächlich sind. Das Mantra kann sowohl laut
als auch im Geist gechantet werden.

Wer das Meistersymbol auf besondere Weise erleben
möchte, dem sei folgende Übung empfohlen:

Intoniere drei Monate lang täglich 30 Minuten das Mantra laut. Danach laß drei Monate lang täglich 30 Minuten
das Mantra still im Geist erklingen. Laß das Mantra um
dich herum schwingen.

Aufgehen im Meistersymbol

Löse dich auf, und werde zum Meistersymbol.

Gemeint ist nicht, sich das Symbol vorzustellen, zu visua-
lisieren, sondern sich wirklich völlig zu vergessen und mit
all seinem Sein zum *Dai Komio*, zum großen Licht, zu werden.

Loslassen in Alltagssituationen

Stell dir vor, du weißt oder tust ganz genau, was du willst, aber im Moment ist es für dich nicht erreichbar, oder du wirst gestört. Beispielsweise beginnt dein Kind plötzlich zu schreien und verlangt deine ungeteilte Aufmerksamkeit, beziehungsweise es zwingt dich, eine anregende Veranstaltung vorzeitig zu verlassen. Oder bei der spannenden Fußballübertragung fallen plötzlich Bild und Ton aus – mit einem Wort: Du bist genervt. Du hast nur eine Chance: loslassen.

Zeichne im Geist oder mit der Hand in den leeren Raum das Symbol *Dai Komio*, und intoniere danach das Mantra dreimal. Vielleicht wird dich das Ergebnis verblüffen!

Einschwingen auf höheren Ebenen

Bring dich durch das oben beschriebene Zeichen und Intonieren des Symbols auf eine höhere Energieebene, bevor du die Arbeit mit dem I Ging, dem Tarot, dem Pendel, mit Bachblüten, Aura-Soma usw. beginnst. Das gilt in besonderem Maße auch für die Reiki-Selbstbehandlung und die Behandlung von anderen.

Schaffen eines Kraftplatzes

Eine umfassende Darstellung über die Nutzung von Kraftplätzen ist in Walter Lübecks Buch *Rainbow Reiki* zu finden. Sie ist insbesondere für diejenigen Reiki-Schüler geeignet, die in den 1. oder 2. Grad eingeweiht sind.

Einen Kraftplatz ganz besonderer Art können wir mit Hilfe des *Dai Komio* anlegen: Zeichne einen Kreis oder ein Dreieck auf den Boden, zeichne dann um diese Form herum neun, zwölf oder einundzwanzig (drei mal sieben) Piktogramme des Meistersymbols. Chante jeweils dreimal das Mantra. Begib dich zum Meditieren, oder auch nur um Ruhe zu finden oder um in dich hineinzuspüren, in diese Figur.

Du wirst spüren, daß ein solcher Platz in deiner Wohnung oder auch in Feld und Wald eine ganz besondere Ausstrahlung und heilende Kraft hat.

Wenn du willst, benutze darüber hinaus noch geeignete Methoden der Visualisierung (Lichtsäule, Pyramide oder ähnliches), um diesen Ort deiner Innenschau, deinen persönlichen Tempelbereich, mit deiner eigenen Schwingung zu verstärken.

Spirituelles Wachstum

Auch wenn es letztlich nichts zu erreichen gibt – alle spirituellen Sucher streben nach etwas, was sie spirituelles Wachstum nennen. Das ist natürlich ein Widerspruch in sich, denn dieses Wachstum geschieht in dem Maße, wie wir lernen loszulassen, also in dem Maße, wie wir aufhören, nach überhaupt etwas zu streben. *Dai Komio*, wie oben beschrieben oder in ähnlicher Weise angewandt, ist auf dem Weg des Loslassens immer wieder eine unschätzbare Hilfe.

Es ist die Zeit gekommen, sich unter Wahrung des Geistes des Reiki von allen überflüssigen traditionellen Riten zu lösen und Reiki nicht weiter als eine orthodoxe Angelegenheit zu handhaben. Bis jetzt hat *Dai Komio* schon vielen Menschen gezeigt, daß da eine andere Kraft wirkt, daß wir alle über die Demut und das Loslassen in Kontakt mit dieser anderen Kraft kommen können. *Dai Komio* will durch diese Veröffentlichung, durch diese Verbreitung, noch viel mehr Menschen ermuntern, wirklich mit der Reiki-Kraft zu arbeiten und dadurch zu erfahren, daß wir alle den göttlichen Funken in uns tragen und aufgerufen sind, Kanal zu sein für die göttliche Kraft, von der *ein* Name Reiki ist. Reiki ist eine Kraft jenseits aller Polarität und ohne Kausalität. *Dai Komio* will jedem Reiki-Praktizierenden helfen, mit ihm zu verschmelzen und zu dieser Kraft zu werden.

44

Um ein an dieser Stelle eventuell aufkommendes Mißverständnis auszuräumen, wollen wir betonen, daß die Arbeit mit dem sogenannten Meistersymbol, mit *Dai Komio*, selbstverständlich nicht der einzig mögliche Zugang zu spirituellem Wachstum und fruchtbarer Zusammenarbeit ist. Wir wissen aber, daß für viele Sucher gerade die Arbeit mit *Dai Komio*, mit Reiki, einer der denkbar einfachsten und praktikabelsten Wege ist, zumal sich gerade die Reiki-Kraft so unvergleichlich einfach, problemlos und harmonisch in den Alltag integrieren läßt. Gerade auch für den »Anfänger« ist dies die Gelegenheit, in der Strömung der Jahrtausendwende zum Aufbruch ins Wassermannzeitalter beizutragen, so wie es seit langem von Heilern, Schamanen und Meditierenden aller Richtungen praktiziert wird.

Reiki zu praktizieren heißt aber nicht, die übliche Brille gegen eine neue rosarote einzutauschen. Eigene Anstrengungen sind unumgänglich, aber Reiki liefert dafür immer wieder neue Kraft. So wird insbesondere *Dai Komio* helfen, die im Bereich der Reiki-Praxis entstandenen Mißverständnisse aufzulösen und jeden Reiki-Schüler auf den Boden der Tatsachen zu bringen. Auch das ist ein Grund für die Veröffentlichung des vierten Symbols. In einer Welt der Hochtechnologie, globaler Probleme und chaotischer Informationsangebote fällt es zunehmend schwerer, einen sicheren inneren Standort beizubehalten, gar innere Ruhe zu bewahren, das innere Zentrum zu finden. Bemerkungen über das Loslassen von Wünschen, das heißt des Ego, Hinweise auf die Vergänglichkeit aller Dinge und eine Propagierung von innerem Frieden und Gleichmut sind gut und richtig, aber für den in der westlichen Gesellschaft lebenden Menschen ohne eine direkte energetische Hilfe kaum im Alltag umsetzbar. Reiki wirkt hier als Zugang zum Zugang, und *Dai Komio* ist eine effektive Hilfe beim Einstieg in die Meditation, nicht nur für elitär-spirituelle Kreise, sondern für jeden. Das morphogenetische Feld des Reiki, des *Dai Komio*, legt das jetzt frei.

Heilkreise

In der gegenwärtigen Situation wird es immer wichtiger, ein harmonisches Verhältnis zu unserer Umwelt und unseren Mitmenschen aufzubauen, Rohstoffe und Energie als wertvolle Güter zu behandeln und entstandene Schäden auf unserer Erde zu beheben. So haben schon vor Jahren die verschiedenen Reiki-Organisationen sogenannte *Reiki-Heilkreise* ins Leben gerufen. Die Grundidee dabei ist, der Erde gemeinsam als Gruppe mit Hilfe der Fern-Reiki-Techniken Energie und Heilkraft zu senden.

Das ist ganz sicher ein wünschenswerter und auch nötiger Beitrag der Menschen zur Gesundung unseres so arg geschundenen Planeten. Für Reiki-Praktizierende in aller Welt bedeutet es eine wunderbare Gelegenheit, einen positiven Beitrag zur Heilung des Planeten und der Verhältnisse auf ihm zu leisten, sei es, daß es um den gefährdeten Regenwald, die Delphine in den Fangnetzen im Pazifik oder um die Ozonlöcher über den Polen geht.

Beispiele und Möglichkeiten zur Betätigung im globalen Sinne gibt es genug. Vielleicht ist es aber auch ratsam, sich gemeinsam mit anderen (und allein geht es natürlich auch) zunächst einmal den ganz nahen Problemen zu widmen, zum Beispiel dem kranken Wald vor der Haustür.

Bei all unserem Tun sollte die Reihenfolge immer sein: »Liebe dich selbst, deinen Nächsten, die Welt.« Denn jeder Mann und jede Frau ist Schöpfer und Gestalter seiner und ihrer eigenen Welt. Das, was ist, geht immer von einem einzelnen aus. Der naheliegendste und zunächst beste »Reiki-Dienst« für die Welt besteht deshalb darin, sich selbst die

Hände aufzulegen, den harmonisierenden Strom der Reiki-Kraft zu spüren und auszustrahlen.

Die Erfahrung zeigt, daß oftmals Menschen, die sich an Reiki-Heilkreisen beteiligen, den Nächsten oder die Delphine lieben (wollen), sich selbst aber viel zu wenig oder gar nicht lieben und achten können. Aus dem Überfluß, aus innerem Erfülltsein heraus andere lieben, für andere arbeiten und mit Reiki tätig sein, Liebe einfach zu verströmen, ohne jeden Zwang im Hinterkopf, ohne den Wunsch, aufgrund guter Werke in irgendeinen Himmel zu kommen – das ist dabei der »richtige« Ansatz.

Wenn wir dies tun, werden wir erleben, daß uns von der »anderen« Seite eine Hand gereicht wird und Dinge geschehen, von denen wir geglaubt haben, daß sie weit außerhalb unserer persönlichen Möglichkeiten liegen – eben die »richtigen« Dinge. Wenn wir selbst wahrer, liebevoller, wirklicher werden, dürfen wir getrost davon ausgehen, daß die geistigen Kräfte, wo auch immer sie angesiedelt sind und wie auch immer sie strukturiert sein mögen, für das Wohl der Menschheit und den Planeten Erde wirken werden. In unserem eigenen Leben durften wir dieses immer wieder erfahren.

Atheisten, die nicht an den von den Kirchen als allmächtig hingestellten Gott glauben, weil sie ihn nur als untätig erleben, werden diese »helfende Hand« vielleicht nicht wahrnehmen und die Ergebnisse dem »Zufall« zuschreiben, was allerdings an der Wirksamkeit nichts ändern würde.

Über diese Haltung hinaus ist es im Sinne einer Resonanzwirkung aber durchaus wichtig, auch gezielte Beiträge zu leisten, um ein energetisches Gegengewicht zu den weltweiten Verfallstendenzen – besonders hinsichtlich der Umweltprobleme – zu schaffen. Alle Reiki-Praktizierenden haben die Gelegenheit, über den Weg eines Engagements in

Heilkreisen mitzuwirken, um der verletzten Erde Energie zuzuführen, sie in die Liebe der Reiki-Kraft einzuhüllen.

Diese Anregung wollen wir aber nur unter der Voraussetzung verstanden wissen, daß dazu der Wunsch in jedem einzelnen wirklich vorhanden ist und daß wirkliche Selbstliebe dieses Tun trägt. Die Reiki-Lehrer und -Lehrerinnen sind aufgefordert, ihren Schülern das Thema Reiki-Heilkreise in diesem Sinne zu verdeutlichen.

Die Reiki-Praktizierenden sind andererseits keine Gemeinde, die in einem Glauben verbunden ist und sich von daher aufgefordert fühlen müßte, gute Werke zu tun. Es sollte auch keineswegs eine entsprechende Erwartungshaltung aufgebaut werden, um denjenigen Reiki-Schülern, die anders fühlen, unnötige und entwicklungshemmende Schuldgefühle zu ersparen.

Die wirklich guten Werke geschehen eher absichtslos und »ungewollt« – aus der überströmenden Liebe des Herzens heraus, als ein Nicht-Tun. Und genau das »übt« ja jeder Reiki-Praktizierende von Anfang an (oder sollte es zumindest tun!).

Sich im Rahmen von Reiki-Heilkreisen aus eigenem inneren Überfluß, aus Liebe und mit Frieden im Herzen zu engagieren ist eine wertvolle Gelegenheit, der Welt etwas von dem zurückzugeben, was wir von ihr bekommen haben und weiterhin in jedem Moment unseres Lebens in so vielfältiger Weise empfangen – ob wir dies nun wahrnehmen oder nicht.

Und noch ein letztes Wort in diesem Zusammenhang: Wir sind der Meinung, daß jeder Reiki-Praktizierende aufgerufen ist, für sich selbst und für seine Umgebung auch dadurch Verantwortung zu übernehmen, daß er der Sinnentleerung und den vielerorts verbreiteten Zukunftsängsten eine positive Vision des Lebens und der Welt entgegensetzt, und das nicht nur im Rahmen von Heilkreisen!

Frieden finden und Frieden erhalten – Frieden sein

Es ist bekannt, daß jede Form von Feindseligkeit nicht nur äußerer Erfüllung, sondern auch der Entfaltung inneren Friedens entgegensteht. Wir spüren mit der Reiki-Lehrerin Paula Horan, »daß sich der ganze Planet auf eine neue Schwingungsfrequenz einstimmt und daß wir uns nicht weiterhin voneinander isolieren und uns gegenseitig anfeinden dürfen«.

Frieden ist ein wichtiger Aspekt des Reiki. Frieden finden, bewahren und ihn verkörpern heißt, zuerst den Balken im eigenen Auge zu sehen und sich nicht gleich auf den Splitter im Auge der anderen zu stürzen, den man dort zu sehen meint. Bezogen auf das Thema Reiki heißt das, sich künftig mehr auf das Verbindende zu stützen und sich auch im freundschaftlichen Austausch auf die künftigen Aufgaben vorzubereiten, die gerade auf die Reiki-Lehrer und -Lehrerinnen zukommen werden. Das bedeutet aber nicht, um des lieben Friedens willen zweifelhafte Entwicklungen einfach hinzunehmen. Auch wenn Reiki eine Energie des Herzens ist und damit auch eine Kraft des Friedens in sich trägt, so ist Reiki auch Kraft an sich, eine Kraft zum positiven Handeln. Lassen wir uns also ruhig von Jesus inspirieren, wenn es darum geht, Fehlentwicklungen aufzuzeigen und heiße Eisen anzufassen. Auch heute noch können wir uns gerade an ihm ein Beispiel nehmen, an ihm, der so revolutionär gesprochen hat, der seiner Zeit so weit voraus war und der sagte, daß wir alle vollkommen werden sollen. Ganz sicher ist dazu eine wesentliche Grundbedingung für uns alle erforderlich: Frieden.

Friedensarbeit im Kontext von Reiki bedeutet an erster Stelle, sich die Hände aufzulegen, still zu werden und auf harmonische Weise Abstand zu finden zu eigenen Vorstellungen und Bewertungen. Wer mit sich selbst ins reine kommt, der wird auch friedfertig, der findet Frieden. Inneren Frieden finden und ihn mit Hilfe der kontinuierlichen Reiki-Praxis bewahren zu lernen ist ein Geschenk der Reiki-Kraft an jeden von uns. Jedes äußere Engagement für den Frieden in der Welt wird dann auch von einer wahrhaft friedlichen Energie aus dem Inneren des Herzens jedes einzelnen getragen sein. Innerer Frieden, der von vielen Menschen bewahrt wird, hilft Unterschiede abzubauen und die vielen Kleinkriege in der Gesellschaft einzudämmen. So wird schließlich auch ein immer stabiler werdender Frieden in der Welt möglich.

Frieden zu verkörpern beinhaltet auch, darauf zu achten, anderen Menschen Selbstvertrauen zu geben. Wer Reiki vom Herzen her lebt oder weitergibt, braucht keinerlei Disziplin, die von außen dogmatisch verordnet wird. Form und Essenz werden sehr leicht verwechselt. Ganz sicher ist, daß die Essenz des Reiki sehr viel mit Stille zu tun hat. Je stärker die morphogenetischen Reiki-Felder werden, desto mehr helfen friedliche und gleichzeitig dynamisch-kreative Kräfte, die Erde neu zu gestalten. Auch das ist ein Aspekt des Geistes des Reiki, der langsam Form annimmt.

Reiki und ganzheitliche Heilmethoden

Wir wollen in diesem Kapitel einige der wichtigsten Methoden und Techniken im Bereich Heilung und ganzheitliche Entwicklung vorstellen, mit denen wir selbst in Berührung kamen, um bei unseren Lesern und Leserinnen Interesse zu wecken, das eine oder andere auszuprobieren. Dabei wird die Reiki-Kraft unserer Erfahrung nach ganz sicher in ihrer schlichten, aber effektiven Weise behilflich sein, jeden an das für ihn im Augenblick wirklich Passende heranzuführen.

Wir wollen mit diesem Buch keine unrealistische Heilserwartung wecken. Doch sind wir uns völlig sicher, daß sich die weitere Ausbreitung der Reiki-Kraft in der Verbindung mit anderen Heil- und Wachstumsmethoden als eine Art Katalysator der menschlichen Entwicklung erweisen wird, und zwar in viel stärkerem Maß als bisher. Dazu ist kein Ausstieg aus dem normalen Alltagsleben erforderlich. Wir brauchen nur das, was wir sowieso tun, mit einer neuen Kraft, mit mehr Spiritualität zu erfüllen und uns so den Weg für Veränderung selbst freizumachen.

Obwohl heute noch viele Hemmnisse einer wirklich expansiven Entwicklung entgegenstehen, spüren wir, wie viele unserer Reiki-Freunde, welchen großen Stellenwert gerade auch die Anwendung der Reiki-Kraft in Verbindung mit anderen bekannten und bereits erfolgreich praktizierten Methoden zur Gesundung und Ganzwerdung haben wird.

In der Heilkunde gilt der Trend »Zurück zur Natur« und das Schlagwort lautet »sanfte Medizin«. Im Bereich der psychologisch-therapeutischen Arbeit setzt sich mehr und mehr die Erkenntnis durch, daß auch die spirituelle Ebene Berücksichtigung finden muß. Inzwischen erkennen immer mehr Menschen im Westen den Grundsatz der chinesischen Medizin, der besagt, daß Yin und Yang dann in Harmonie sind, wenn die Lebensenergie Chi ungehindert fließt. Diese energetische Harmonie herzustellen ist Ziel jeder Therapie.

Ein guter, natürlicher Energiezufluß ist aber nicht nur für Gesundheit und Heilung relevant. Wenn alles fließt, wird auch unsere Ausstrahlung besser, dann wird unser Leben von mehr Freude erfüllt.

Der Unwille, die für den pharmazeutischen Laien undurchschaubaren chemischen Substanzen in Form von Medikamenten zu schlucken, breitet sich immer mehr aus. Das gleiche gilt für die Unzufriedenheit mit der Apparatemedizin, die Menschen in die Rolle des hilflos Ausgelieferten zwingt. Je ausgeklügelter die medizinische Technik bei allen dankenswerten Errungenschaften wird, desto mehr wächst aber auch gleichzeitig die Gefahr, daß der Patient vorrangig als eine Art Körpermaschine behandelt wird und nicht mehr als ein vollwertiger Mensch, bestehend aus Körper, Geist und Seele.

Viele Menschen haben erfahren müssen, daß es erst zu einer ernsthaften Erkrankung des physischen Körpers kommen mußte, um sich für Bewußtwerdungsprozesse und damit auch für Heilungsprozesse öffnen zu können. Es ist eine leidige Tatsache, daß allein in Deutschland täglich mehrere Millionen Beruhigungstabletten konsumiert werden. Auf der anderen Seite haben viele tausend Menschen die Erfahrung gemacht, daß eine Reiki-Ganzbehandlung nicht nur einer Reinigungsdusche für den Energiekörper gleichkommt, sondern auch entspannend und beruhigend auf die Psyche wirkt.

Es ist der Wunsch der Autoren, daß sich die Anwendung der Reiki-Kraft zu einer Art »Hausmittel« entwickeln wird – und das gerade auch in Verbindung mit den vielen anderen bewährten Heilungsmethoden, von denen wir im folgenden einige kurz skizzieren wollen. Die Reiki-Kraft ist dafür prädestiniert, eine Massenbewegung im Sinne eines selbstverständlichen Allgemeinguts der Bevölkerung zu werden, nicht nur, weil sie einfach und von jedem »erlernbar« ist, sondern weil sie die Wirkkraft aller bekannten Methoden steigert. Schon jetzt liegt die Anzahl der Reiki-Praktizierenden allein in Deutschland bei weit über einer halben Million Menschen.

Leben, Natürlichkeit, Wohlergehen, Gesundheit sind abhängig davon, inwieweit wir mit dem Strom des Lebens schwimmen. Der Wassermann ist von der astrologischen Symbolik her ein Zeichen, das Fließen zum Thema hat, ein Sich-dem-Fluß-Hingeben. Gesundheit heißt hier Energiefluß. Je gesünder wir werden, desto mehr Energie kann auch fließen. Das ist ein Naturgesetz. Die Reiki-Kraft verhilft uns dazu – gerade auch in Verbindung mit anderen Methoden.

Im Wassermannzeitalter wird nicht mehr zählen, welchen Weg wir zu unserer Gesundung gehen. Die Hauptsache ist, daß es ein Weg der Wahrheit und zu uns selbst ist. Viele Mosaiksteine sind auf dem Weg zusammenzusetzen, um eines Tages das ganze Bild sehen zu können. Viele wunderbare Methoden haben sich dabei als wirksam und heilsam erwiesen.

Bachblüten

Immer mehr Menschen wissen, daß die meisten Krankheiten tiefliegende psychische Ursachen haben. Sie fühlen intuitiv, daß gerade auf diesen Ebenen angesetzt werden muß, um eine wirkliche Heilung zu fördern. Mit der Einnahme chemisch hergestellter und nur auf den physischen Körper wirkender Medikamente ist es nicht getan. Doch wollen wir das Thema der Risiken und Nebenwirkungen hier einmal vollkommen außer acht lassen. Allopathische Medikamente bewirken im Gegenteil oft nur eine scheinbare Heilung, indem sie die Symptome auf der körperlichen Ebene unterdrücken, wodurch sich die Disharmonien auf der emotionellen und geistigen Ebene verstärken können. Natürlich ist es in bestimmten akuten Fällen angebracht und oft sogar absolut notwendig, zunächst mit diesen Mitteln dafür Sorge zu tragen, daß ein Mensch überhaupt lebensfähig bleibt. Es darf aber nicht darüber hinwegtäuschen, daß eine wirkliche Heilung von innen nach außen, von der seelisch-geistigen Ebene über die emotionale auf die körperliche Ebene stattfinden muß, damit wir von einem ganzheitlichen Gesundungsprozeß sprechen können. Dieser Vorgang kann auf sanfte, einfache Weise durch die Anwendung von Bachblütenessenzen angeregt werden.

Die von dem englischen Arzt Dr. Edward Bach entdeckte Blütentherapie geht von den folgenden Annahmen und Erfahrungen aus: Es liegt potentiell in der menschlichen Natur, vollkommene Harmonie zwischen Gott, der Schöpferkraft, der Seele – die vom selben Wesen wie die Schöpferkraft ist – und der individuellen Persönlichkeit herzustellen. Krankheit entsteht, wenn diese Harmonie durch *Ego* auf der Persönlichkeitsebene gestört wird. Solche krankheitsauslösenden Schwingungen können auf inneren Ebenen durch heilende Schwingungen bestimmter Blüten oder Pflanzen aufgelöst werden, so daß sich die Harmonie wieder einstellt. Gesundung ist die Folge.

Aus dieser Eingebung heraus fand Dr. Bach 38 Pflanzenessenzen, die heute weltweit von vielen Ärzten, Therapeuten und in zunehmenden Maße auch von Laien mit großem

Erfolg genutzt werden. Längerfristiges Ziel einer Bachblütentherapie ist die größtmögliche Entfaltung und Stabilität der Persönlichkeit.

Allein die Beschreibung der Wirkungsweise der Bachblüten erinnert geradezu verblüffend an die Beschreibung der Wirkung der Reiki-Kraft, so daß es nicht verwundert, daß sich die Anwendung der Reiki-Kraft als Begleitung zur Bachblütentherapie in herausragender Weise bewährt hat.

Bachblüten wirken harmonisierend auf die Psyche und entlasten so den physischen Körper. Die Blütenessenzen helfen, Ängste, Hemmungen usw. auf sanfte Art ins Bewußtsein zu bringen und sie so aufzulösen. Der gleichzeitige Zufluß Universeller Lebensenergie durch die begleitende Reiki-Praxis stellt zusätzliche Kraft zur Verfügung, die diesen Prozeß stärkt und die hilft, mittels sinnvoller und beherzter Taten die äußeren Lebensumstände erfüllender zu gestalten. Auch können die neuen Möglichkeiten und Verhaltensweisen leichter umgesetzt und integriert werden.

Doch damit nicht genug. Die Wirkkraft der aus Bachblütenessenzen hergestellten Einnahmemischungen kann mit dem ersten Reiki-Symbol wesentlich erhöht werden, und eine begleitende Reiki-Behandlung kann die Heilung beschleunigen.

Mit dem zweiten Reiki-Symbol steht uns ein wunderbares Instrument zur Verfügung, die durch Bachblüten bewußt werdenden Emotionen zu harmonisieren und zu heilen.

Erfahrungsgemäß gelangen bei einer Bachblütentherapie oft alte, manchmal unangenehme oder nicht aufgearbeitete Erinnerungen ins Bewußtsein. Mit den Techniken des Fern-Reiki können wir in die Vergangenheit gehen und die belastenden Situationen für uns selbst heilen. (Die Techniken des Fern-Reiki erklären wir in unserem Buch *Das Herz des Reiki.*)

In den letzten Jahren haben immer mehr Menschen damit begonnen, Reiki mit einer Bachblütentherapie zu verbinden, so daß wir hoffen, daß eine Kombination der sanften Form der Bachblütentherapie mit der sanften Herzensenergie Reiki bald Allgemeingut im Sinne einer energetischen Hausapotheke werden wird.

Homöopathie

Wer sich mit esoterisch-spirituellen Zusammenhängen beschäftigt, wird entdecken, daß Reiki – Universelle Lebensenergie – mit der Homöopathie sehr vieles gemeinsam hat. Jedem Reiki-Praktizierenden sollte deshalb diese Heilkunst zumindest in Grundzügen bekannt sein.

Samuel Hahnemann, ein Zeitgenosse Goethes, entdeckte Ende des 18. Jahrhunderts das Grundprinzip einer neuen Heilkunst: »Similia similibus curentur.« Frei übersetzt bedeutet es, daß zur Heilung einer Krankheit dasjenige Arzneimittel angewendet werden soll, das eine andere, möglichst ähnliche Krankheit zu erzeugen imstande ist. Er nannte diese Heilkunst Homöopathie, abgeleitet aus dem Griechischen *homoios pathos (= ähnlich leiden)*.

Hahnemann schuf im Laufe seines Lebens ein System der Arzneiheilkunde, das von einer geistartigen *Lebenskraft* ausgeht, *Dynamis* genannt, die »in bewundernswürdig-harmonischem Lebensgang alle Teile (des Menschen), seine Gefühle und Tätigkeiten aufrechterhält, so daß der in uns wohnende vernünftige Geist sich dieses lebendigen und gesunden Werkzeugs frei zum höheren Zweck unseres Dasein bedienen kann. Wenn der Mensch erkrankt, so ist ursprünglich nur diese geistartige, in seinem Organismus überall anwesende, selbsttätige Lebenskraft durch den lebensfeindlichen, dynamischen Einfluß eines krankmachenden Agens verstimmt. Nur das zu einer solchen Anormalität verstimmte Lebensprinzip kann dem Organismus die widrigen Empfindungen verleihen und ihn so zu einer regelwidrigen Tätigkeit verstimmen, die wir Krankheit nennen« *(Organon der Heilkunst)*. Diese Lebenskraft wurde bereits von dem berühmten Arzt Paracelsus (1493–1541) beschrieben.

In der heutigen allopathischen Medizin wird eine Krankheit als identisch mit ihren Symptomen betrachtet, nicht mit den wirklich zugrundeliegenden Ursachen. Im zweiten Band seines Hauptwerks *Organon der Heilkunde* schreibt Hahnemann: »Der Arzt soll die Kraft und die Natur der Krankheit im Ursprung suchen, und nicht in dem, was von der Krankheit selbst kommt; ... diese Dinge sind Anzeigung, aber nicht Ursprung, wie ein Rauch ein Feuer anzeigt, ist aber das Feuer nicht.« Wenn wir eine Krankheit heilen wollen, müssen wir den Menschen als eine Ganzheit erkennen, alle Symptome miteinbeziehen, um am Ursprung der Störung ansetzen zu können.

Die Ausführungen des renommierten Homöopathen Georgos Vithoulkas in seinem Lehrbuch *»Die wissenschaftliche Homöopathie«* zeigen uns ein Bild des Menschen, das sehr große Ähnlichkeit mit den »esoterischen« Sichtweisen und Beschreibungen der verschiedenen Energiekörper aufweist, die in gewisser Weise auch im Rahmen des Reiki-Systems gelehrt werden.

In der klassischen Homöopathie werden drei Ebenen oder Energiekörper des Menschen unterschieden: die *geistige* Ebene, die *emotionale* Ebene und die *physische* Ebene (einschließlich Sinneswahrnehmungen, Ernährung, Schlaf und Geschlechtsleben). Diese Ebenen stehen miteinander in vollständiger Wechselwirkung, bauen aber hierarchisch aufeinander auf. Die geistige Ebene ist der höchste und zentrale Aspekt des menschlichen Handelns, die körperliche Ebene ist die am wenigsten wichtige. Wie bedeutsam die einzelnen Ebenen sind, wird daran gemessen, inwieweit eine Erkrankung auf der betreffenden Ebene die Fähigkeit eines Menschen beeinträchtigt, sich bewußtseinsmäßig und spirituell weiterentwickeln und etwas zum allgemeinen Wohl beizutragen.

Ein Mensch kann schöpferisch tätig sein und Glück empfinden, obwohl er vielleicht blind und taub ist oder an anderen Gebrechen leidet. Beethoven hat seine größten Werke als vollkommen Gehörloser komponiert, Ramana Maharshi und Ramakrishna hatten Krebs, ohne dadurch an spiritueller Substanz oder an Wert für ihre Schüler zu verlieren. Ein Mensch kann krankhaft eifersüchtig sein und doch auf seinem Fachgebiet brillante Leistungen vollbringen. Ein Mensch, der geistig geschädigt ist, hat die wenigsten Möglichkeiten, etwas für sich und andere zu tun.

Deshalb ist aus der Sicht der Homöopathie die geistige Ebene für den Menschen am bedeutsamsten. Sie umfaßt die bewußte Verarbeitung innerer und äußerer Eindrücke. Vithoulkas geht davon aus, daß das eigentliche Wesen des Menschen geistig-spiritueller Natur ist. Sind nun die inneren Werkzeuge zur Aufnahme innerer und äußerer Erfahrung nicht intakt, werden die Möglichkeiten einer Erweiterung und Höherentwicklung des Bewußtseins und eine damit verbundene Vervollkommnung der Lebensgestaltung blockiert.

Auf dieser Ebene definiert die klassische Homöopathie Gesundheit durch drei Eigenschaften, die mit allen geistigen Funktionen einhergehen sollen: erstens Klarheit des Ausdrucks, zweitens Zweckmäßigkeit, innerer Zusammenhang und Folgerichtigkeit, drittens schöpferischer Einsatz der geistigen Fähigkeiten zum Wohl auch der Mitmenschen, wobei letzterem besonderes Gewicht beigemessen wird.

Der zweitwichtigste Bereich menschlichen Seins ist die emotionale Ebene. Sie umfaßt alle Gefühlsregungen von Liebe bis zu Lebensüberdruß. Je negativer ein Mensch empfindet, desto weniger gesund ist er auf dieser Ebene. Emotionelle Störung bedeutet, daß wir im Wachzustand überwiegend von verneinenden Gefühlen beherrscht werden wie Apathie, Antriebsschwäche, Reizbarkeit, Ängstlichkeit, Kummer usw. Allgemein zeigen sich Gleichgewichtsstörungen im Gefühlsbereich an einem Mangel an Selbstwertgefühl, so daß Empfindlichkeit und Verletzbarkeit enorm gesteigert sind.

Die körperliche Ebene ist der Bereich des Organismus, mit dem sich die Medizin seit jeher befaßt hat und der hier wohl keiner weiteren Erläuterung bedarf. Die Homöopathie zählt zum körperlichen Bereich auch Sinneswahrnehmungen, Ernährung, Schlaf und Geschlechtsleben.

Diese drei Ebenen bauen hierarchisch aufeinander auf. Der homöopathisch behandelnde Arzt versucht immer herauszufinden, auf welcher Ebene der Schwerpunkt oder der Ursprung einer Störung liegt, und führt dem Menschen durch bestimmte homöopathische Arzneien Informationen zu, die auf der jeweiligen Ebene die Gesundheit entsprechend den obigen Definitionen wiederherstellen sollen. Diese Arzneien enthalten keinerlei Wirkstoffe im Sinne der orthodoxen Medizin. Sie bestehen nur aus einer Trägersubstanz, wie zum Beispiel Milchzucker oder Wasser, der durch einen *Potenzierung* und *Verschüttelung* genannten Vorgang Informationen bestimmter Stoffe eingeprägt wurden – Informationen eben der Stoffe, die entsprechend dem Grundsatz »Similia similibus curentur« ähnliche Symptome hervorrufen würden, nähme der Patient sie materiell zu sich.

Ähnliche »Arzneimittel«, die auf einer rein energetischen Informationsebene wirken, können auch mit den Techniken des 2. Reiki-Grades hergestellt werden, wie es zum Beispiel

Walter Lübeck in seinem Buch *Rainbow Reiki* beschreibt. Analoge Vorgänge finden auch bei der Übertragung der Blütenkraft in Wasser statt, wie bereits im Zusammenhang mit der Bachblütentherapie beschrieben wurde. Wir warnen an dieser Stelle aber davor, im Fall ernsthafter Erkrankungen selbst herumzuexperimentieren, wenn man nicht über genügend Erfahrung in diesem Bereich verfügt. Statt dessen sollte man sich besser in die Hände eines gut ausgebildeten Homöopathen begeben.

Was versteht man in der klassischen Homöopathie nun unter Gesundheit im umfassendsten Sinne? Vithoulkas definiert: »Gesundheit auf der geistigen Ebene bedeutet Freiheit von egoistischen Zielsetzungen, ein Zustand alleiniger Orientierung an den wahren unverlierbaren Werten.« Unverlierbare Werte sind nichtmaterieller Natur, zum Beispiel Erkenntnis, wirkliche Liebe, echte Freude, absolute Schönheit. »Gesundheit auf der emotionalen Ebene ist ein Zustand der Freiheit von leidenschaftlicher Besessenheit, der sich ausdrückt in dynamischer innerer Ruhe und heiterer Gelassenheit.«

Dynamische Ruhe bedeutet nun nicht die intellektuelle Disziplinierung von Gefühlen, fordert nicht, daß wir gefühlskalt werden oder unser Gefühlsleben verkümmern lassen, sondern im Gegenteil »ohne einseitige Fixierung offenbleiben für das volle Spektrum emotionaler Erlebnismöglichkeiten. Dies geht nur, wenn kein einzelner Gefühlsaspekt maßlos ausufert.« Im Zen-Buddhismus nennt man dies die Haltung der Angemessenheit. Auf der körperlichen Ebene bedeutet Gesundheit uneingeschränktes körperliches Wohlbefinden.

Diese Definition von Gesundheit entspricht dem Geist des Reiki in seiner für jeden praktisch erlebbaren Auswirkung.

Unserer Meinung nach setzt die Reiki-Kraft allerdings auf einer noch höheren Ebene an, die man vielleicht als die seelische Ebene bezeichnen könnte. Da die geistige, die emotionale und die körperliche Ebene auf »niedrigeren« Hierarchiestufen liegen, kann Universelle Lebensenergie auf all diesen Ebenen dazu beitragen, das homöostatische Gleichgewicht zu fördern und zur ganzheitlichen Gesundung beitragen.

Hieraus erklärt sich auch, warum für die Reiki-Behandlung keine Diagnose notwendig ist, denn diese würde ja auf einer der »unteren« Ebenen oder Energiekörper stattfinden. Mit einer Reiki-Behandlung greifen wir aber niemals direkt in diese Ebenen ein, sondern kommen sozusagen immer »von oben« und lassen einfach zusätzliche Lebensenergie durch alle Schichten fließen. Diese durchfließende Kraft führt im Sinne der schon besprochenen Evolutionstheorie dazu, daß das selbstorganisierende System »Mensch« in seiner Gesamtheit langfristig zu einem homöostatischen Gleichgewicht findet – eben zu ganzheitlicher Gesundheit.

Aromatherapie

Immer mehr Menschen beginnen zu realisieren, daß Düfte – oder auch nur die Erinnerung an sie – uns durch unser ganzes Leben begleiten. Schon vor rund viertausend Jahren entdeckten die Chinesen, daß die ätherischen Öle mancher Pflanzen heilkräftige Eigenschaften besitzen und auf Körper und Gemüt des Menschen positiv einzuwirken vermögen. Auch im alten Indien wurden Öle zur Herstellung von Kosmetik und Arzneien verwandt, ebenso dienten sie im alten Ägypten zur Mumifizierung.

Im 12. Jahrhundert wurde das Wissen um die Heilkraft der ätherischen Öle von den Arabern nach Europa gebracht. Leider wurde die damit verbundene Pflanzenheilkunde durch die sogenannten Hexenverfolgungen weitestgehend unterdrückt. Dieses so wertvolle Wissen geriet mehr und mehr in Vergessenheit, so daß während der letzten vierhundert Jahre die Verwendung von ätherischen Ölen zum größten Teil nur noch im Rahmen der Seifen- und Kosmetikherstellung Anwendung fand. In der heutigen Zeit erlebt die Aromatherapie und damit die Pflanzenheilkunde eine Renaissance. Die Aromatherapie stellt einen Aspekt der Ganzheitsmedizin dar. Im Zusammenwirken mit anderen Anwendungsformen hat sie sich durch ihre Sanftheit, gerade auch in Verbindung mit der Reiki-Kraft, für viele Menschen als sehr hilfreich erwiesen.

Die ätherischen Öle sind Duftstoffe, die sich in den verschiedenen Teilen der Pflanzen eingelagert haben und die durch unterschiedliche Verfahren herausgelöst werden können. Die so gewonnenen Öle enthalten die charakteristischen Merkmale der jeweiligen Pflanze. Man könnte sagen, daß das ätherische Öl einer Pflanze die Seele dieser Pflanze enthält. Indem der Mensch auf dem Weg der Aromatherapie dieses Öl verwendet und sich mit der Seele der Pflanze verbindet, werden die Lebenskraft der Pflanze und damit auch ihre heilende Schwingung aufgenommen.

Es gibt inzwischen eine ganze Reihe von sehr guten Leitfäden zur Anwendung der ätherischen Öle. Die Öle werden heute meist in Duftlampen verwendet oder auch auf spezifische Körperstellen beziehungsweise auf die Chakras aufgetragen.

Wir empfehlen die Aromatherapie in Zusammenwirken mit der Reiki-Selbstbehandlung insbesondere den Schülern des 1. Reiki-Grades, die in den Prozeß des Spürens, Loslassens und Gewahrwerdens, in den Prozeß des Nichttuns hineinzuwachsen beginnen. Bezüglich der weiteren Vertiefung verweisen wir auf die umfangreiche Literatur zur Aromatherapie.

Edelsteine und Kristalle

Auch über die Arbeit mit Edelsteinen und Kristallen ist wie zum Thema Aromatherapie seit geraumer Zeit gute Fachliteratur auf dem Markt, so daß wir an dieser Stelle nur kurz auf einige uns ganz besonders wichtig erscheinende Aspekte eingehen möchten.

Wohl kaum jemand kann sich dem oftmals geradezu magischen Zauber, der faszinierenden Pracht oder aber ergreifenden Schlichtheit entziehen, die von Edelsteinen beziehungsweise von Mineralien ausgeht. Der normalerweise recht abgehetzte Alltagsmensch wird sich allerdings eine echte Pause zur Entspannung, Innenschau und damit zur inneren Aufnahmebereitschaft gönnen müssen, um in bezug auf Edelsteine und Kristalle zu etwas mehr als zu einem »Ja, ja, sehr schön« zu gelangen.

Die Reiki-Praxis ist von der allerersten Selbstbehandlung an eine ideale Voraussetzung, um innere Gelassenheit und eine größere Fähigkeit des Beobachtens, des Schauens, zu entwickeln. Das wirkt sich auch auf die unterstützende Arbeit mit Edelsteinen und Kristallen aus. Erfahrungsgemäß nutzt es nämlich zunächst einmal nicht allzuviel, sich einen auch noch so schönen oder kraftvoll strahlenden Edelstein auf den Körper zu legen oder in die Hand zu nehmen, wenn die Aufnahmebereitschaft des Menschen nicht im geringsten auf die feinen Schwingungen des Edelsteins ausgerichtet ist. Wie wir aus vielen Berichten von Reiki-Schülern entnehmen konnten, hat sich die unterstützende Arbeit mit Edelsteinen und Kristallen im Anschluß an eine Reiki-Selbstbehandlung, die der Öffnung und dem Stillwerden dient, als außerordentlich hilfreich erwiesen. Allein schon das Erspüren der inneren Schwingung eines Edelsteines, das stille Betrachten seiner Gestalt aus der gelassenen Beobachterposition der Reiki-Energie heraus, ist schon Balsam für die Seele. Legen wir dann Edelsteine auf unseren Körper auf (wir verweisen hier auf die einschlägige Literatur), so können wir uns der heilenden und bewußtseinserweiternden Schwingung der Steine hingeben.

Den Lieblingsstein oder den Stein der Woche oder den Edelstein des augenblicklichen Lebensthemas in der Tasche zu tragen und viele Male im Laufe des Tage kurz in die Hand zu nehmen ist eine Brücke, die uns immer wieder mit unseren zuletzt gemachten Erfahrungen mit der Reiki-Kraft verbinden kann: Mitten im Büro und für fünf Sekunden geübt – das allein schon kann größte Wirkung zeigen.

Mit Hilfe der Reiki-Kraft können wir die für uns heilsamen Informationen in den Edelsteinen besser erspüren und auch leichter aufnehmen, zum Beispiel bei der Arbeit mit Bergkristallen. Unserer Beobachtung nach gibt es aber gerade in der New-Age-Szene eine zunehmende Zahl von Menschen, die von der Kraft, die in den Bergkristallen wohnt, nicht nur fasziniert sind, sondern die auf diese Kraft immer mehr »abfahren«. In diesem »Abfahren« sehen wir eine gewisse Gefahr, denn wer von uns vermag schon glasklar zu erkennen, welche Informationen über Jahrmillionen hinweg in dem Bergkristall gespeichert wurden, der da in unserer Hand liegt! Das Reinigen mit klarem Wasser und das Einstrahlen von Mond- oder Sonnenlicht sind zwar Möglichkeiten, Kristalle von relativ frischen energetischen Verunreinigungen zu befreien, sehr alte »Verwundungen«, »Erlebnisse« oder sogar für uns ungeeignete Programmierungen lassen sich auf diese Weise aber wohl nicht löschen.

Wir empfehlen unseren Reiki-Schülern des 1. Grades, mit Hilfe der Reiki-Praxis für die in den Kristallen eingelagerten Informationen zunächst einfach nur sensitiver zu werden, um die tatsächlich vorhandene Energie eines Steines zu erspüren. So wird es möglich zu entscheiden, ob ein bestimmter Stein gerade jetzt für einen richtig ist. Man kann dazu die Reiki-Kraft vom Herzen her aus den Händen in den Bergkristall strahlen lassen und so mit dem Stein eine enge Beziehung anknüpfen, falls diese nicht schon von Anfang an deutlich zu spüren war. Den Reiki-Schülern des 2. Reiki-Grades empfehlen wir, Bergkristalle auch mit Hilfe der Reiki-Symbole energetisch zu reinigen, bevor sie zur ganzheitlichen Heilung benutzt werden. Man sollte dabei die Bergkristalle mit der Spitze nach unten (zur Erde) halten und im Geist all das, was man an Programmierung im Bergkristall für sich selbst nicht als wünschenswert erachtet, zur Erde abfließen lassen. Man kann in der Vorstellung von oben mit einer »energetischen Nadel« nachstochern. Falls nötig, kann man auch bei diesem energetischen Reinigungsprozeß das zweite Reiki-Symbol bitten, sich wie ein Filter von oben nach unten beziehungsweise von unten zur Spitze hin durch die Schichten des Kristalls zu bewegen und all das herauszufiltern, was uns nicht dienlich ist.

Bezüglich der Programmierung von Bergkristallen mit Reiki-Symbolen möchten wir die folgende Empfehlung geben: Nimm den Bergkristall so in beide Hände, daß er oben aus den umschließenden Händen herausragt, mit der Spitze nach oben leicht von dir weggeneigt. Visualisiere das zweite Reiki-Symbol auf eine der sechs Flächen des Bergkristalls, und leg es beim Ausatmen mit einem leichten inneren Ruck in diese Kristallfläche hinein, dann dreh den Kristall um eine sechstel Drehung weiter, und verfahre ebenso, bis alle Kristallflächen von dir geistig berührt worden sind. Fixiere/energetisiere jeweils das zweite mit dem ersten Symbol. Damit ist die Qualität des zweiten Reiki-Symbols in den Bergkristall programmiert worden. Die Wesensmerkmale der Reiki-Kraft strahlen nun auf der Ebene des ersten und zweiten Symbols – zusätzlich zur eigenen Kraft des

Steines – in die Umgebung des Kristalls zum Wohle und Segen desjenigen, der ihn in der Hand hält und zu Wachstum und Heilung für sich oder andere einsetzt.

Wer eine Einweihung in den 3. Reiki-Grad bekommen hat, verwendet das *Dai Komio* für die Programmierung des Bergkristalls in entsprechender Weise.

Es ist möglich, mit einer bestimmten Anwendung der Symbole besondere Qualitäten in einen Kristall zu programmieren (es geht aber auch mit Zucker, Salz oder Wasser!). Visualisiere das zweite Symbol, dann das erste Symbol, sprich jeweils dreimal das Mantra. Dann visualisiere eine Zeitlang, was du in den Informationsträger einprogrammieren möchtest, zum Beispiel Heilung, Freude, Friede, Gesundheit, Offenheit oder was auch immer. Bei dieser Visualisierung ist es wichtig, möglichst alle Sinne miteinzubeziehen, also Sehen, Hören, Riechen, Tasten und Schmecken, ebenso den angestrebten emotionalen Zustand.

Wer diese Technik im Zusammenhang mit Edelsteinen und Kristallen anwendet, sollte sich allerdings bewußt sein, daß jeder Stein sowieso schon eine bestimmte Schwingung aussendet. Die einzuprogrammierende Information sollte deshalb der Grundschwingung des Steines entsprechen. Ein Lapislazuli paßt zum Beispiel sehr gut zum Thema Heilung, ein Rosenquarz zum Thema Liebe. In der Fachliteratur sind die Qualitäten der verschiedenen Kristalle und Edelsteine ausführlich beschrieben worden, so daß wir hier auf diese Informationsquellen verweisen wollen.

Wir haben darüber hinaus die Erfahrung gemacht, daß es nicht immer angebracht ist, Kristalle mit Reiki-Symbolen zu bestrahlen. Zum Beispiel verkörpern Elestialkristalle und schwarzer Obsidian die Fähigkeit, die Wahrheit über ihre Besitzer hinsichtlich ihrer Persönlichkeit, ihres Ego, zu entlarven und offenzulegen. Sie stellen damit eine ganz besondere Hilfe auf dem Weg zur Selbsterkenntnis dar. Es erscheint uns wichtig, darauf hinzuweisen, daß man nicht versuchen sollte, diesen Prozeß mit Hilfe von Reiki-Techniken abzuschwächen. Katrina Raphaell weist in ihrem Buch *Heilen mit Kristallen* darauf hin, daß Elestialkristalle große Lehrer sind, die uns helfen können, das wahre Wesen in stabile Bahnen zu lenken. Ein Elestial wird, wenn wir ihn in der Hand halten oder ihn auf den Körper legen, zunächst einmal das in unser Bewußtsein rufen, was einer Klärung bedarf; ein Obsidian wird unsere unerlösten Teile auf der körperlich-physischen Ebene zutage fördern.

Ob man nun mittels der Reiki-Techniken Kristalle programmiert oder nicht – wer sich der Kraft von Edelsteinen und Kristallen bewußt aussetzt, wird in seinem Leben Veränderungen feststellen, die durch diese Steine initiiert wurden. Es ist auf jeden Fall sehr hilfreich, Universelle Lebensenergie zu nutzen, um diese Veränderungen harmonisch zu integrieren.

Aura-Soma

Je mehr der Mensch in sich einen harmonischen Energiezufluß zuläßt und herstellen kann, um so mehr wird er auch ein synchrones Schwingen mit der Universellen Lebensenergie spüren. Sind alle Energien in Harmonie, so läuft das Leben ohne Störung, der Mensch ist gesund.

Irene Dalichow, Autorin des Buches *Aura-Soma*, faßt die Essenz der Aura-Soma-Therapie im Novemberheft 1994 der Zeitschrift *Esotera* wie folgt zusammen: »Früher näherten sich die Menschen ihrem eigenen Wesenskern durch die energetischen Felder, die in Kirchen und Kathedralen herrschten, und durch die Energie, die sie zusätzlich empfingen, wenn Sonnenlicht durch deren farbige Glasfenster schien und wenn heilige und heilende Kräuter verbrannt wurden.

In einer Zeit, in der institutionalisierte Spiritualität den meisten Menschen nichts mehr gibt und in der es um Schnelligkeit und Mobilität geht, stehen nun plötzlich kleine hilfreiche Geister in Flaschen zur Verfügung, die alle möglichen Wunder vollbringen können. Unter anderem auch das, innerhalb weniger Sekunden ein Gefühl der Verbundenheit mit anderen Dimensionen herzustellen, das sich früher vielleicht erst nach einer halben Stunde Gebet und Kontemplation einstellte. Der äußere Tempel wird in den inneren Tempel verlagert.«

Wohl jeder Mensch hat die Erfahrung gemacht, daß bestimmte Farbeindrücke spezielle Gefühle auslösen, Eigenschaften beeinflussen oder Erinnerungen auslösen. So wird wohl jedem die beruhigende Wirkung der Farben Blau und Rosa bekannt sein oder aber die anregende Wirkung eines kräftigen Rots. Farben beeinflussen unsere Psyche und wirken auf unseren Organismus ein. Jede einzelne Farbe hat, wie in jüngster Zeit die Farbpsychologie neu entdeckte, eine Auswirkung auf der materiellen und der psychischen Ebene bis hin zu den geistig-spirituellen Bereichen.

Schon in den Hochkulturen des Altertums waren die Wirkungen des unterschiedlich gebrochenen Lichtes, also die unterschiedlichen Farben, in ihrer Heilwirkung bekannt. Die faszinierenden Berichte in diesem Zusammenhang reichen von altägyptischen Kulten über Anwendungen im babylonisch-persischen Raum bis in das alte China, wo zum Beispiel Epileptikern mit Hilfe der violetten Farbe Linderung verschafft wurde. Grundlage dieser Heilwendung war die Erkenntnis, daß Farbe ein Mittler zwischen dem Grobstofflichen und dem Feinstofflichen ist, was im tibetischen Buddhismus ebenfalls bekannt war und unter anderem im Zusammenhang mit Mandalas und Visualisationen genutzt wurde.

Anfang der achtziger Jahre wurde von der britischen Pharmazeutin Vicky Wall, basierend auf den geschilderten Erkenntnissen, eine neue ganzheitliche Therapieform ins Leben gerufen, die die heilenden Energien von Farben, Pflanzen, Edelsteinen und Düften miteinander kombiniert. Diese System ist heute unter dem Namen Aura-Soma bekannt.

Das Besondere an diesem System ist, daß die Rezepturen der verwendeten Substanzen von der erblindeten Vicky Wall in meditativem Zustand empfangen wurden. Sie konnte also selbst nicht sehen, welche herrlichen Farben entstanden, als sie die Substanzen entsprechend den in der Meditation empfangenen Rezepturen herstellen ließ. Das Zusammenwirken von leuchtenden Farben, wunderbar duftenden ätherischen Ölen und auf alchimistischem Weg eingebrachten Edelsteinenergien geben diesen Substanzen eine intensive Schwingung, die in manchen Fällen auf der Traumebene, in anderen Fällen direkt körperlich wirkt. Farbe, Duft und Konsistenz sprechen die Sinne augenblicklich an.

Die Rezepturen führten zur Herstellung von drei verschiedenen Arten von Aura-Soma-Substanzen: den Balance-Ölen, den Pomandern und den Meister-Quintessenzen. Die Balance-Öle, von denen es zur Zeit über neunzig verschiedene gibt, werden direkt auf entsprechende Bereiche des Körpers aufgetragen, die Pomander und die Meister-Quintessenzen werden in die Aura eingefächelt.

Die Auswahl unter den verschiedenen Mitteln wird vom Anwender intuitiv selbst vorgenommen. Grundsatz der Aura-Soma-Therapie ist: Wir sind die Farbe, die wir wählen. Ein ausgebildeter Aura-Soma-Berater versucht, anhand der gewählten Farbkombinationen Aussagen über Lebenssinn, wesentliche Problembereiche, Vergangenheit und Zukunft des zu Beratenden auf körperlicher, emotionaler, mentaler und spiritueller Ebene zu machen. Die gewählten Substanzen werden anschließend benutzt, um einen Heilungsprozeß in Gang zu bringen beziehungsweise zu unterstützen.

Dieses System kann, da die Auswahl der Mittel intuitiv erfolgt, wie das Reiki-System von Laien in einfacher, aber wirkungsvoller Weise zur Selbstbehandlung benutzt werden. Ebenso wie Aura-Soma könnte man Reiki als »nichteingreifende Seelentherapie« bezeichnen. Die Anwendung der Substanzen führt nicht selten zur Bewußtwerdung verdrängter Bewußtseinsinhalte, die ein Reiki-Schüler über die Aura-Soma-Therapie hinausgehend in hervorragender Weise mit den Symboltechniken des 2. Reiki-Grades bearbeiten und loslassen kann.

Um einen Eindruck davon zu ermitteln, wie die Aura-Soma-Substanzen im Rahmen der Reiki-Arbeit benutzt werden können, folgt hier eine kurze Übersicht der vierzehn Meister-Quintessenzen. Sie werden im Aura-Soma-System insbesondere dazu verwendet, *Meditationserfahrungen* zu vermitteln.

Die Meister-Quintessenzen des Aura-Soma-Systems		
Meister/Energie/Archetyp	Grundthema	Mögliche Effekte
Farbe	● Anwendungsgebiete	● Sonstiges
1) El Morya	Dein Wille geschehe	Ruhe, Frieden, Hingabe
Blaßblau	● Hingabe an die innere/göttl. Führung	● Zugang zu Astralkörperinformationen ● Stimuliert künstlerische Fähigkeiten
2) Kuthumi	Verbindung	Aufbau gegenseitigen Vertrauens
Blaßgold	● Kontakt zu Engeln ● Kontakt zu Elementalen, Geistern, Krafttieren usw.	● Finden (persönlicher) Symbole ● Vermindert Ängste im spirituellen Bereich

Die Meister-Quintessenzen des Aura-Soma-Systems

Meister/Energie/ Archetyp	Grundthema	Mögliche Effekte
Farbe	● Anwendungsgebiete	● Sonstiges
3) Lady Nada	Aggressionen abbauen	Wandelt negative in positive Energie
Blaßpink	● Erfahrung, wie Heilkräfte von Ton/Musik genutzt werden kann	● Unterstützt meditatives Hören von Musik
4) Hilarion	Den Weg, die Wahrheit und das Leben verfolgen	Ruhe/Frieden in der Alltagshektik
Blaßgrün	● Zugang zur eigenen Wahrheit und Weisheit	● Ganzheitliches Verstehen durch Verbindung von Kopf und Herz
5) Serapis Bay	Reinigung	Energetische Reinigung
Klar	● Raumreinigung nach Therapiesitzungen ● Aurareinigung für Therapeuten	● Energetische Reinigung von Quarzkristallen ● Arbeit mit Quarzkristallen
6) Der Christus	Opferbereite Liebe entwickeln	Kontakt mit der Lebensaufgabe
Rot	● Unterstützt Sprechen, Schreiben ● »Christuslogos« = absolutes Sein	● Erkenntnis, daß die Lebensaufgabe mit dieser materiellen Welt zu tun hat
7) Saint Germain	Heilung auf allen Ebenen	Beruhigt, macht einfühlsam
Hellviolett	● Macht einfühlsam (bei Therapie, Beziehungsproblemen usw.) ● Stellt Yin/Yang-Gleichgewicht her	● Hilft bei Überlebensfragen (Geld, Sicherheit usw.) ● Klärt unerledigte emotionale Probleme
8) Orion und Angelika	Innere und äußere Reisen	Fördert Synchronizitätserleben
Pink	● Befreit vom Jet-Lag ● Vor und nach Projektarbeit	»Zur richtigen Zeit am richtigen Ort sein«
9) Pallas Athene und Aeolus	Traumarbeit	Bringt Wachträume ins Wachbewußtsein
Rosenpink	● Entschlüsselung der Traumsymbole ● Hilft bei schamani›stischer Arbeit	● Verbindet auf archetypischer Ebene mit der griechisch/ römischen Götterwelt

Die Meister-Quintessenzen des Aura-Soma-Systems		
Meister/Energie/ Archetyp	Grundthema	Mögliche Effekte
Farbe	● Anwendungsgebiete	● Sonstiges
10) Lady Portia	Aufhören, zu be- und verurteilen	Bringt (Selbst-)Kritik und Mitgefühl in ein angemessenes Verhältnis
Gold	● Entwickelt Mitgefühl ● Für Klarheit und Angemessenheit bei (Selbst-)Kritik	● Unterstützt Rebirthing-Arbeit ● Unterstützt Atemarbeit
11) Lao-Tse und Kwan-Yin	Informationen aus vergangenen Zeiten (Inkarnationen) erhalten	Wertschätzung früherer Leben, Selbstliebe, Frieden
Blaßorange	● Unterstützt Reinkarnationsarbeiten ● Hilft, »alte Geschichten« loszulassen	● Unterstützt alle Bemühungen, sich von Vergangenem zu befreien
12) Sanat Kumara	Synthese (aller Meister)	Hinter die Maske schauen
Blaßkoralle	● Hilft, den Dingen auf den Grund zu gehen ● Unterstützt die Entwicklung einer neuen männlich/weiblichen Rolle	● Unterstützt Meditation ● Läßt Eindrücke aus anderen Welten empfangen
13) Maha Chohan	Gefühlsbeziehungen aufbauen	Bringt das Herz zum Ausdruck
Blaßtürkis	● Tiefer Kontakt zum inneren Lehrer, zum inneren Meister	● Hilft, alte Weisheit in heute nützlicher Form zu präsentieren
14) Djwal Khul	Raum	Intellekt wird zum nützlichen Instrument
Smaragdgrün	● Öffnet die Zeit und den Raum, die man braucht ● Bringt Verständnis für die Rhythmen der Natur	● Unterstützt meditatives Tanzen

Diesen Meister-Quintessenzen sind Pomander und Balance-Öle zugeordnet. Im Rahmen der Reiki-Arbeit bevorzugen wir allerdings die Meister-Quintessenzen, weil wir Reiki als einen meditativen Weg verstehen und die Quintessenzen insbesondere übermittelt wurden, um auf meditativem Weg Erfahrungen zu machen.

Wir verzichten an dieser Stelle darauf, die Verbindungen zum Reiki-System und insbesondere zu den Reiki-Symboltechniken im einzelnen darzulegen. Die möglichen Anwendungen ergeben sich von selbst, wenn wir die jeweiligen Qualitäten der Quintessenzen auf uns wirken lassen. Wer sich zum Beispiel während Reiki-Behandlungen nicht vom Ergebnis seines Tuns lösen kann und unbedingt etwas erreichen will, kann seinen inneren Entwicklungsprozeß in Richtung Absichtslosigkeit, zum Nichttun, unterstützen, indem er die erste Meister-Quintessenz benutzt: »Nicht ich, sondern du durch mich.«

Die ganzheitlich-integrierende Wirkung der Reiki-Selbstbehandlung, die allen Reiki-Praktizierenden vom 1. Grad an in voller Höhe zur Verfügung steht, kann einen Gesundungsprozeß wirksam unterstützen. Reiki und Aura-Soma ergänzen sich auf äußerst wirkungsvolle Weise.

Musik und Klang

Der richtige Rahmen kann das Erlebnis einer Reiki-Sitzung sehr intensivieren und die ganzheitlich heilende Wirkung unterstützen. Ebenso wie sich der Behandler durch ein persönliches Ritual auf den Reiki-Fluß einstimmen sollte, ist es hilfreich, wenn sich der Empfänger oder die Empfängerin beschützt und geborgen fühlt. Reiki fließt natürlich auch ohne besondere unterstützende Maßnahmen. Es hat sich aber als sehr sinnvoll erwiesen, über die reine Reiki-Behandlung hinaus weitere Mittel zu nutzen, die geeignet sind, eine angenehme, entspannende Atmosphäre zu schaffen und den Heilungsprozeß zu fördern. Die Zeit einer Reiki-Behandlung sollte eben möglichst gut benutzt werden.

Eine angenehme Raumtemperatur, warmes Licht und eine bequeme Liege sollten für eine Behandlung selbstverständlich sein. Auch bietet es sich an, mit ätherischen Ölen oder Räucherwerk einen Duftraum zu schaffen, der die Zeit der Reiki-Behandlung aus dem Alltagsleben heraushebt. In Büchern über Aromatherapie sind darüber hinaus viele Hinweise zu finden, wie Düfte zu Heilungszwecken angewendet werden können.

Die einfachste und zugleich wirkungsvollste Ergänzung einer Reiki-Sitzung besteht aber ohne Zweifel im Einsatz von Musik und Klang. Da heutzutage praktisch jeder über einen Kassettenrecorder oder einen CD-Player verfügt, ist die akustische Begleitung einer Behandlung sehr einfach zu realisieren. Eine Idee davon, was mit Musik und Klängen erreicht werden kann, schenkte uns der Dichter Joseph Freiherr von Eichendorff mit den Worten:

»Schläft ein Lied in allen Dingen.
Triffst du nur das Zauberwort, fängt es an zu klingen.«

Wir konnten im Rahmen von Seminaren und Einzelsitzungen oft die Erfahrung machen, daß bestimmte Musik sehr förderlich ist, während andere musikalische Untermalungen sehr störend wirken. Musik, richtig gewählt, bringt im Zuhörer etwas zum Klingen.

Nur wenige Menschen wissen um die Wirkung von Tönen und Klängen und können diese bewußt einsetzen, um bestimmte Wirkungen zu erzielen. Die meisten wählen eine musikalische Untermalung intuitiv aus, lassen sich von ihrer augenblicklichen Stimmung leiten. Dieses Vorgehen ist angesichts der Fülle von Kassetten und CDs klassischer, moderner und insbesondere auch sogenannter esoterischer Musik, die heutzutage im Handel ist, sicher das einfachste und effektivste.

Wenn wir aber beginnen, die Wirkungen von Musik, Klang und Laut auf Körper, Geist und Seele bewußter wahrzunehmen, wenn wir lernen, Musik nicht nur als Hintergrundberieselung zu verstehen, sondern sie als Hilfe und Bereicherung ganzheitlicher Entwicklung zu nutzen, werden wir bei der Auswahl der musikalischen Begleitung einer Reiki-Behandlung eher mit allen Sinnen anwesend sein. Es gibt heute Musiktherapeuten, die Musik und Klang ganz gezielt einsetzen, um ihren Patienten Heilung zu bringen. So konnten zum Beispiel Menschen, die im Koma lagen, mit bestimmten Klängen wieder ins Leben zurückgerufen werden. Andererseits nutzen Warenhausketten eine bestimmte Musikberieselung, um das Kaufverhalten ihrer Kunden zu beeinflussen. Darüber hinaus kann die unhörbare Integration von Affirmationen in Musik oder Klangteppiche (die sogenannte Subliminaltechnik) nachweislich dazu führen, daß sich Verhalten und Stimmung des Hörers ändern. Diese Techniken werden zum Beispiel von manchen Ärzten in ihrem Wartezimmer genutzt, um Ängste zu mildern und eine entspannte Atmosphäre zu fördern.

Auf die unserer Einschätzung nach schon fast gewaltsame Beeinflussung durch Musik und Klang wollen wir an dieser Stelle aber nicht weiter eingehen, weil sie erstens für eine ganzheitliche Entwicklung nicht ohne weiteres förderlich ist und zweitens nur mit einem technischen Aufwand realisierbar wäre, der den meisten unserer Leser nicht zur Verfügung steht.

Wir wollen hier nur einige grundlegende Zusammenhänge aufzeigen, wie Musik und Klang ausgewählt und unterstützend eingesetzt werden können.

Machen wir uns zunächst bewußt, daß unser Gehör unser empfindlichstes Sinnesorgan ist, wesentlich empfindlicher als zum Beispiel unser Gesichtssinn oder unser Geschmack.

Das meiste, was wir mit unseren Sinnen von unserer Umwelt erkennen, nehmen wir durch unser Gehör wahr. Während das Auge nur einen Frequenzbereich von etwa einer Oktave wahrnehmen kann, ist das Ohr in der Lage, im Bereich von fast zehn Oktaven zu differenzieren. So ist es nicht verwunderlich, daß Musik und Klang einen tiefgreifenden Einfluß ausüben, und es ist sinnvoll, der Wahl von Musik in einem therapeutischen Rahmen höchste Aufmerksamkeit zu widmen. Dabei steht uns die ganze Welt der Musik zur Verfügung, nicht etwa nur New-Age-Klänge, sondern ebenso klassische Musik und moderne Popmusik.

Die allermeisten Kompositionen sind von ihrer Wirkung her nicht eindeutig festzulegen, obwohl sie oft einen bestimmten Schwerpunkt haben. Bei solchen Stücken ist es mit etwas Übung und Sensibilität möglich, die Wirkrichtung zu erspüren. Dazu ist es nur notwendig, in sich hineinzuhorchen. Als Orientierung können dabei die Chakras dienen. Ursprüngliche Reggae-Musik zum Beispiel aktiviert das zweite Chakra, während Chansons oft das vierte Chakra ansprechen. Viele Jazzstücke aktivieren das fünfte Chakra, sakrale Musik richtet sich oft an das sechste oder auch siebte Chakra. Wir wollen hier keine Zuordnungstabellen aufstellen, sondern unsere Leser auffordern, selbst hinzuhören und hinzuspüren, um für sich herauszufinden, mit welcher Musik am besten gearbeitet werden kann. Hier spielt auch der persönliche Musikgeschmack eine große Rolle. Wenn wir diese Art der Aufmerksamkeit aufbringen, können wir uns auch selbst Kassetten zusammenstellen, die schwerpunktmäßig ein bestimmtes Chakra ansprechen.

Wesentlich bei einer Reiki-Behandlung sind die innere Ruhe und die Hinwendung zu sich selbst. Eine Vielzahl von Kompositionen strahlen diese Ruhe aus und induzieren sie beim Zuhörer, so zum Beispiel die *Goldberg-Variationen* von Johann Sebastian Bach.

Reiki wirkt und fließt vor allem über das Herz-Chakra. Viele Kompositionen sind besonders geeignet, die Aktivierung des Herz-Chakras zu unterstützen. Ein Beispiel aus dem Bereich der New-Age-Musik ist die CD *Reiki* von Merlins Magic, die uns für Reiki-Behandlungen besonders geeignet erscheint.

Über diese mehr allgemeinen Hinweise hinausgehend, eröffnen sich für die Anwendung von Musik und Klang im Rahmen ganzheitlicher Heilung noch weitere Möglichkeiten, wenn wir uns mit den sogenannten *Urtönen* und *reinen Stimmungen* beschäftigen.

Die westliche Musik basiert auf dem Kammerton a, der 1859 auf 435 Hertz festgelegt und 1939 auf 440 Hertz angehoben wurde. Heute werden insbesondere bei Popsongs die Instrumente sogar auf 443 Hertz gestimmt, um dem schneller gewordenen Tempo Rechnung zu tragen. Die moderne Musik klingt darum heller als die in früheren Zeiten gespielte.

Der Kammerton a wurde willkürlich festgelegt, ohne Bezug zu irgendeiner natürlichen Größe. Anders ist es zum Beispiel in der indischen Musik, deren Grundton, das *Sadja*, seit jeher genau dem 32. Oktavton des Erdenjahres entspricht. Man kann die Frequenz des Sadja von 136,10 Hertz berechnen, indem man den Kehrwert der Umlaufzeit der Erde um die Sonne 32mal verdoppelt, also oktaviert.

Die 136,10 Hertz entsprechen in etwa dem Cis der westlichen chromatischen Tonskala. Auf diesem Cis beziehungsweise Sadja wird seit alters her das heilige Mantra OM intoniert.

Auf ähnliche Weise ist es möglich, den *Ton der Erde* (ein G mit 194,71 Hertz) oder den *Ton des Mondes* (ein G mit 210,42 Hertz) zu bestimmen. Die Klänge von Sonne, Mond und Erde sind sicher die wichtigsten für unser irdisches Dasein, weil sie uns viel stärker beeinflussen als die Töne der Planeten oder gar anderer Sonnensysteme.

Der Tageston G beinhaltet das *körperlich-dynamische* Prinzip und steht zum Beispiel mit unserer DNS in Resonanz. Das Gis des Mondes repräsentiert das *erotisch-kommunikative* Prinzip. Die *seelisch-entspannende Wirkung des Sonnentons* hat durchaus auch biologische Ursachen, da diese Frequenz mit dem Kalium-Natrium-Haushalt unserer Nervenzellen in Resonanz steht und so direkt unsere Nervenfunktionen beeinflußt und stabilisiert.

Der Jahres- oder Sonnenton hat für Reiki eine besondere Bedeutung, weil er mit dem Herz-Chakra schwingt, dem »Chakra des Reiki«. Wer zum Sonnenton meditiert, wer eins wird mit diesem Ton, wird erfüllt von allem, wofür die Sonne in unserem Bewußtsein steht: Licht, Klarheit, Freude, Leichtigkeit, Dankbarkeit. Joachim Ernst Berendt empfiehlt: »Spüre, wie dich mit diesem Ton das Licht der Sonne erfüllt. Lasse das Licht langsam durch deinen Körper wandern. Mit jedem Atemzug dringt es tiefer. Zuerst füllt es deinen Kopf, dann – nach einigen Minuten – lasse es mit dem Atem durch den Hals in den Brustraum dringen. Spüre, wie deine Brust von Licht erfüllt ist. Dann dringt das Licht in den Bauch und immer tiefer. Es durchstrahlt dich bis in die Zehenspitzen hinein. Der Sonnenton füllt dich mit Licht!«

Eine Reiki-Behandlung oder Selbstbehandlung, die begleitet wird von solch einer Visualisation, während der Sonnenton oder eine Musik, die auf dem Sonnenton basiert, gespielt wird, läßt uns nicht nur die wohltuenden Wirkungen der Universellen Lebensenergie erleben, sondern wird durch die Resonanzwirkung in uns das Lied der Sonne erklingen lassen.

78

Ein weiterer wichtiger Aspekt *therapeutischer Musik* ist neben dem *richtigen* Grundton die Wahl der entsprechenden Zusammenhänge in seinem Buch *Klänge, Bilder, Welten* ausführlich dargelegt. Wir erwähnen dies, weil wir die Musiker unter unseren Lesern anregen möchten, Musik zu komponieren, die diese Zusammenhänge berücksichtigt. Wir wünschen uns, daß in Zukunft mehr Kompositionen zu hören sind, die eine Qualität ausstrahlen, die den Rhythmen der Natur und des Menschen mehr entsprechen.

Eine solche Musik scheint viel eher als die heute verbreitete geeignet zu sein, in uns zum Klingen zu bringen, was Norbert Eichler in seinem *Buch der Wirklichkeit* beschreibt:

»Und in der Seele aller Menschen
wird erklingen eine neue,
alte Melodie, die sie
erinnern wird an eine Wirklichkeit,
die größer, schöner ist
als die alltägliche tägliche
vergänglicher Materie.«

Reiki und die Heilberufe

Ärzte, Heilpraktiker, Krankenschwestern, Masseure und Angehörige anderer medizinischer Hilfsberufe klagen zuweilen darüber, daß sie sich durch den Kontakt mit Patienten wie ausgesaugt fühlen. Aus geistiger Sicht ist dieses Phänomen keinesfalls verwunderlich. Es ist bekannt, daß sich durch engeren (nicht nur physischen!) Kontakt die Aura-Energien miteinander vermischen, wobei die schwächere Aura des Kranken, des geschwächten Menschen, Lebenskraft aus der Aura des gesunden Menschen absaugt.

Man sollte das aber nicht im Sinne eines böswilligen Vampirismus sehen, sondern als einen ganz natürlichen Vorgang des täglichen Lebens akzeptieren.

Neben diesem Energieabgeben nehmen die unter großem Streß arbeitenden Ärzte, Krankenschwestern usw. viel Negatives von ihren Patienten auf: Fremdenergien, die gekennzeichnet sind durch Krankheit, Schwäche, Unmut, Verzweiflung. Das geschieht wie beim Energieabsaugen auf vielen Wegen, etwa über die Aura mit ihren verschiedenen Energiekörpern, über Gedanken, über Worte, Blicke oder Gerüche. Wie kann einer derartigen energetischen Beeinträchtigung im Arbeitsalltag vorgebeugt werden?

Wie wir in unserem Buch *Das Herz des Reiki* ausgeführt haben, verhindert der Schutz des Reiki-Kanals, daß disharmonische Energien der Umgebung durch den Reiki-Kanal auf den in die Reiki-Kraft eingeweihten Menschen übergehen. Das bezieht sich aber nicht nur auf eine Reiki-Sitzung, sondern trifft auch auf den ganz normalen Berufsalltag zu!

Allein das Eingeweihtsein wird schon weitestgehend verhindern, daß Krankheiten und/oder negative Energien der Patienten, die übergesprungen sein könnten, sich schädlich auswirken. Auf diese Weise wird zumindest die Gefahr sehr eingeschränkt, daß Ärzte, Masseure usw. an den Krankheiten ihrer Patienten selbst erkranken. Das gilt besonders auch für die negativen psychischen Verfassungen der Patienten.

Sollten sich trotzdem Fremdenergien festgesetzt haben, ist die im Rahmen des 2. Reiki-Grades beschriebene Technik des Loslassens hervorragend geeignet, sich von den negativen Bildern, Eindrücken und Fremdenergien zu befreien. Vor allem durch die Anwendung der Technik des Loslassens wird die energetische Brücke geschwächt, und verzerrte, krankmachende Gefühle lösen sich auf.

Wer noch mehr tun möchte, sollte vor oder nach einer Behandlung – oder sogar für den gesamten Arbeitstag – mit Hilfe des vierten Reiki-Symbols die Situation entspannen, heilen und harmonisieren.

An dieser Stelle erscheint es uns notwendig, die Situation der Beeinträchtigung durch Fremdenergien einmal genau unter die Lupe zu nehmen. Wir haben die Erfahrung gemacht, daß diese energetische Verschmutzung, dieses Annehmen der Symptome des Patienten, nicht immer eintritt. Mit zunehmender Erfahrung bei der Behandlung von Mitmenschen entdeckten wir folgendes: Solange wir uns unsicher fühlten, ob unsere Behandlung auch wirkt, zum Beispiel bei einer Fern-Reiki-Technik, kam es vor, daß wir die Symptome des Empfängers bei uns selbst manifestierten. Es war so, als ob wir es gebraucht hätten, uns die Wirksamkeit unserer Bemühungen auf diese Weise zu bestätigen. Je größer das Vertrauen in die Kraft der Universellen Lebensenergie wurde, desto weniger Symptome stellten wir an uns selbst fest. Heute können wir mit Sicherheit sagen, daß *im Zusammenhang mit Reiki* nur dann eine Symptomübertragung stattfinden kann, wenn der Behandler nicht genug Vertrauen hat und deshalb eine Bestätigung braucht. Wer unter diesen oder ähnlichen Problemen leidet, sollte sich fragen, wofür er es nötig hat, die Symptome eines Patienten anzunehmen.

Wir raten jedem, der Menschen behandelt, sich darüber klar zu werden, warum er überhaupt helfen oder heilen will. Jeder Behandler, jede Behandlerin sollte sich darüber Gedanken machen, was *Eigenverantwortung* im spirituellen und praktischen Sinne bedeutet. Und wer glaubt, daß er nur heilen kann, wenn er die Symptome des Behandelten übernimmt, sollte sich ins Bewußtsein rufen, daß nur Gott heilen kann und wir selbst immer nur Mittler bleiben.

Die transzendente Funktion des *Dai Komio*, des vierten Reiki-Symbols, wird uns über das bisher beschriebene aktive Tun hinaus helfen, in einem Zustand gesteigerter Wahrnehmung und Bewußtheit zu verbleiben. Wir können als Arzt, Therapeut, Krankenschwester usw. so leichter bei uns bleiben, in einer meditativen Haltung, die uns das Geschehen um uns herum unpersönlicher beobachten läßt, während wir gleichzeitig noch engagierter und offener auf den Patienten zugehen.

Der andere wichtige wertvolle Aspekt einer Einweihung in die Reiki-Kraft ist natürlich, daß Berührungen, Behandlungen, Massagen und auch der ganz normale zwischenmenschliche Kontakt eine andere Qualität bekommen, wenn die Reiki-Kraft mitfließt. Auch hier sind nicht nur die Techniken des 2. Reiki-Grades besonders hilfreich, sondern gerade auch eine Einweihung in den 3. Reiki-Grad. *Dai Komio* wird eine Behandlung auf ein spürbar höheres Niveau heben, weil der Behandler, die Behandlerin durch das »An-den-Rand-Stellen« des eigenen Ego selbst viel durchlässiger wird für das Wissen darum, was für den Patienten gerade richtig ist.

Gerade auch für alle in den Heilberufen Beschäftigten ist Reiki das Angebot der Stunde. Wir hegen die Hoffnung, daß künftig viele Ärzte, Krankenschwestern, besonders auch alle Masseure den Einstieg in den Reiki-Prozeß finden werden.

Körpertherapie

Ausgangspunkt aller Formen und Verfahren der körperorientierten Therapien sollte die Grundannahme einer Ganzheitlichkeit des Menschen sein, wonach Körper und Geist keine getrennten, sondern miteinander verbundene Aspekte eines einzigen Gesamtorganismus sind.

Muskelverspannungen oder Fehlhaltungen stellen Blockierungen im Körper dar, die den Energiefluß an bestimmten Stellen einschränken oder sogar völlig unterbrechen. Die auf diese Weise hervorgerufenen Störungen beeinflussen den gesamten individuellen Einergiefluß und prägen letztlich das Denken und Fühlen des Menschen bis hin zum Aufbrechen von Erkrankungssymptomen. Der Körper spiegelt alles wider, was wir im Leben erfahren haben.

So ist es das Ziel jeder körperorientierten Therapiearbeit, Spannungen und Blockierungen im Körper zu lösen und den Menschen dadurch gleichzeitig flexiblere Verhaltensweisen zu ermöglichen. Einige der bekannteren Verfahren sind unter anderem die Bioenergetik nach Alexander Lowen oder Gerda Boyesen, Rolfing nach Ida Rolf, die Feldenkrais-Methode, die Posturale Integration, die Alta-Major-Methode, die Cranio-Sakral-Behandlung, die Fußreflexzonenbehandlung oder die Atemtherapie nach Ilse Middendorf. Der Einfluß asiatischer Systeme wie Akupressur, Shiatsu usw. hat dazu beigetragen, daß sich die körperorientierten Verfahren immer mehr verknüpften und weiterentwickelten, um dem Menschen in seiner Komplexität besser dienen zu können. Diese und viele weitere hier nicht genannte Methoden verhalfen weltweit unzähligen Menschen zu einer neuen Lebensqualität.

All diese bewährten Methoden arbeiten mit der persönlichen Energie des Menschen, seitens des Therapeuten ebenso wie seitens des Patienten. Darüber hinaus steht dem Menschen jedoch auch die Universelle Lebensenergie zur Verfügung. Zu ihr vermag er durch Reiki-Einweihungen einen leichten Zugang zu bekommen.

Sobald der Körpertherapeut auch in die Reiki-Kraft eingeweiht ist, fließt bei der Behandlung Universelle Lebensenergie verstärkend, unterstützend und harmonisierend mit, die der Patient seiner individuellen Bedürfnislage entsprechend einzieht. Ist auch der Patient in die Reiki-Kraft eingeweiht, so wird die zusätzlich zur Verfügung stehende Universelle Lebensenergie zum Beispiel Entgiftungsvorgänge oder die Lösung von Muskelverspannungen in sanftere Bahnen lenken und damit die Therapie leichter machen. Das kann zum Beispiel bei Rolfing-Behandlungen oder bei der Arbeit mit der Posturalen Integration sehr bedeutungsvoll sein. Gerade der Einsatz der Symboltechniken des 2. Reiki-Grades hat sich hierbei sehr bewährt.

Körpertherapie ist nicht nur »Körperarbeit«, sondern auch und ganz wesentlich Bewußtseinsarbeit. Wer auf eine meditative Weise mit Reiki arbeitet, ist es ganz einfach gewohnt, achtsam zu sein und Dinge ins Bewußtsein aufsteigen zu lassen. Diese Qualität kann insbesondere beim Patienten zu einem schnelleren und auch tiefgreifenderen Behandlungserfolg führen.

Wir hoffen sehr, mit diesem Buch gerade auch den im Therapiebereich Tätigen die Attraktivität von Reiki nahebringen zu können, und wir wünschen uns, daß die Arbeit am Körper des Menschen durch die Reiki-Kraft künftig noch viel mehr bereichert wird.

Psychotherapie

Das Anwendungsgebiet der Psychotherapie hat sich in den letzten Jahren von der Hilfestellung bei ernsthaften psychischen Störungen in die alltäglichen Bereiche des Lebens ausgedehnt, wodurch auch zu erklären ist, daß immer neue Therapierichtungen bis hin zu ganz individuellen Ausformungen entstanden sind. In den USA ist schon seit langem die Vorstellung verbreitet, daß jemand ohne einen eigenen Therapeuten kein vollwertiger Mensch ist.

Wir können und wollen hier nicht über die klinische Psychiatrie und die klinische Psychologie sprechen, weil wir auf diesem Gebiet über so gut wie keine persönlichen Erfahrungen verfügen. (Das muß aber einen diplomierten Psychologen nicht daran hindern, hier weiterzulesen.) Wir wollen über Wachstumspsychologie im weitesten Sinne sprechen und nennen der Einfachheit halber diejenigen, die diesen Beruf ausüben, Therapeuten. Einen Reiki-Lehrer oder Reiki-Meister betrachten wir in diesem Zusammenhang durchaus auch als Therapeuten, wenn er Seminare abhält oder Einzeleinweihungen vornimmt.

Ob es sich um Gesprächstherapie, Primärtherapie, Urschreitherapie oder andere Verfahren handelt (eine umfassende Auflistung würde den Rahmen dieses Buches sprengen), eins ist Grundlage aller Arbeit: das tragfähige Vertrauensverhältnis zwischen Therapeut und Klient. Ungeachtet aller großen Erfolge, des intensiven persönlichen Einsatzes, der fundierten und oft genug sehr teuren Ausbildung vieler Therapeuten (das gilt meist ebenso für selbsternannte Therapeuten) bleibt unbestreitbar, daß der Therapeut kein vollkommener Mensch ist, daß auch er sich noch mit seinen Schwachstellen und Problemen auseinandersetzen muß.

Voraussetzung für eine Therapie ist aber auf jeden Fall, daß der Therapeut seinem Patienten in bezug auf das zu bearbeitende Problem zumindest ein Stück voraus ist, so daß er den nötigen Abstand zum Klienten und seinem Problem wahren kann. Das verlangt, daß ein Therapeut eigentlich ständig an sich arbeitet. Grundlage für das Vertrauensverhältnis ist unserer Meinung nach auch, daß der Therapeut seine eigenen Grenzen dem Klienten ganz klar und eindeutig mitteilt und ihm nicht vorgaukelt, er sei der große Heiler, der alle Probleme im Nu lösen könne.

Wo liegt die Wirkung und Bedeutung der Reiki-Kraft hinsichtlich eines Therapieverlaufes in welchem Bereich auch immer? Indem der Therapeut zusätzlich zu seinen berufsspezifischen Kenntnissen die Reiki-Kraft und Reiki-Techniken nutzt, um an sich selbst zu arbeiten, um Eindrücke loszulassen, um vorgefaßte Meinungen und Vorstellungen davon, wie ein Klient ist, zum Beispiel mittels der Symboltechniken aufzulösen, um die nötige Ruhe, den nötigen Abstand zu den Problemen, mit denen er tagtäglich konfrontiert wird, zu finden.

Ist der (Psycho-)Therapeut auch noch so berufserfahren, persönlich engagiert und wissenschaftlich gebildet – die Ebene der Psychologie findet wie jede herkömmliche Therapieform in der Verstandestätigkeit, in der Ratio, im Intellekt ihre Grenze. Deshalb greifen wir an dieser Stelle eine recht radikale These auf, die lautet: Therapie allein genügt nicht.

Selbst eine perfekte Therapie ist nur ein erster Schritt. Ohne den zweiten Schritt ist sie völlig bedeutungslos. Und dieser zweite Schritt heißt Meditation. Aufgabe des Therapeuten ist es daher auch, im Herzen des Patienten eine große Sehnsucht nach Meditation zu erwecken und ihm immer wieder, falls nötig, unmißverständlich klarzumachen, daß Meditation ein wichtiger Entwicklungsschritt ist. So sollte Therapie also auch eine Öffnung zur Meditation sein. Nur dann hat sie einen wirklichen Wert. Andernfalls ist sie nichts weiter als ein neues, diesmal vielleicht sehr ausgeklügeltes Spiel des Verstandes.

Bei dem Wunsch nach Heilung oder inneren Frieden ist das wirkliche Bedürfnis des Menschen, also auch des Klienten im therapeutischen Prozeß, transzendentaler Art. Es liegen Welten zwischen einer Psychotherapie, die den Zweck hat, den Menschen zum besseren Funktionieren zu bringen, ihn also an die sogenannten herrschenden Verhältnisse anzupassen, und einer Hilfestellung, die den Patienten befähigt, seinen persönlichen Weg zu finden und auch zu gehen, die ihm darüber hinaus brauchbare Hinweise gibt, in welcher Richtung er nach dem suchen kann, was sein wirkliches Bedürfnis ist. Meditationspraxis ist hier der Schlüssel. Die wirkliche Heilung passiert von innen, aus der jedem Menschen mitgegebenen höheren Intelligenz heraus.

Der in die Reiki-Kraft eingeweihte Körpertherapeut weiß, daß durch seine Hände die Universelle Lebensenergie unterstützend fließt; er kann dadurch noch gelassener bei seiner jeweiligen Methode bleiben und noch bessere Arbeit leisten. Warum sollte etwas Vergleichbares nicht auch für den Psychotherapeuten gelten?

Ist es nicht denkbar, daß zum Beispiel der Hypnotherapeut, der Familientherapeut, die Rebirtherin ihre Klienten zusätzlich zur jeweiligen Heilungs- und Wachstumsmethode auch noch in die Reiki-Symbole einhüllt, vielleicht sogar in die Reiki-Kraft einweiht? Zweifellos schafft die Anwendung der Reiki-Kraft einen harmonischen Rahmen, in dem Prozesse effektiver und weniger anstrengend ablaufen – für beide Seiten. Zusätzlich angewandte Reiki-Techniken können gerade in der psychotherapeutischen Praxis eine entscheidende Erleichterung sein, wenn der Psychotherapeut sich selbst als Kanal, nicht aber als Initiator des Heilungsprozesses ansieht.

Die Psychologie im weitesten Sinne braucht eine neue, eine tiefere Dimension, um den Menschen, gerade auch bei den »neuen Problemen« im Zuge einer erwachenden Spiritualität wirklich helfen zu können.

Der bekannte Psychotherapeut Dr. Peter Schellenbaum sagt in *Die Wunde der Ungeliebten*, seinem Buch über die Blockierung und die Verlebendigung der Liebe: »Solange die vorgefaßte Absicht die Richtung einer Therapie bestimmt, geschieht nichts Wesentliches, weil sich der Körper verspannt bei so viel wohlgemeinter Verrenkung des Verstandes. Wenn der Klient dagegen auf Zielsetzung verzichtet, geschieht das Wunderbare: Symptome mildern sich oder verschwinden ganz, weil das wärmer und flüssiger gewordene Leben sie von alleine zum Schmelzen bringt.«

Reiki ist Herzenergie, ist Liebe. Wenn wir die Liebe des Herzens zulassen, wird alles andere von selbst folgen. Alle Qualitäten, die durch die Jahrhunderte hinweg als erstrebenswert gepriesen wurden, sind nichts anderes als Aspekte der Liebe. Wenn Liebe da ist, fließt auch Mitgefühl. Wahres Mitgefühl ist die Basis der Arbeit eines jeden Therapeuten, denn Liebe ist das einzige Gesetz, das zu beachten ist. Die Macht des Herzens ändert die Dinge einfach durch ihre Präsenz.

Psychotherapie wird im beginnenden Wassermannzeitalter weniger mit der Psyche und dem Verstand, viel mehr aber mit dem Spirituellen zu tun haben, weniger mit persönlichem Tun, viel mehr aber mit vertrauensvollem Geschehenlassen. Psychotherapie wird künftig noch viel mehr auf eine Nachinnengerichtetheit seitens des Therapeuten gegründet sein müssen, auf eine stärkere Hinwendung zur Seele als zur Psyche. Reiki ist kein Allheilmittel an sich, aber Reiki ist ein Angebot zum Einstieg in die Ebenen ganzheitlichen Verstehens und Handelns – für den Klienten im psychotherapeutischen Prozeß ebenso wie für den Therapeuten.

Die vermeintlichen Probleme haben immer nur die Kraft, die wir ihnen geben. Wenn wir hingegen diesen vermeintlichen Problemen die Kraft entziehen und sie ganz einfach auf sich beruhen lassen, einen gewissen inneren Abstand zu ihnen gewinnen, dann lösen sich die Probleme zwar nicht in Luft auf, aber wir lösen uns von ihnen.

Sinn aller Therapie kann es heute nicht mehr nur sein, Menschen in die Masse der mehr oder weniger gut funktionierenden Mitglieder der Gesellschaft eingliedern zu helfen, sondern wahres inneres Vertrauen in die heutigen und künftigen Angebote des Lebens zu vermitteln.

Krebs, Aids und das Immunsystem

Für das Immunsystem des menschlichen Organismus spielt die Thymusdrüse eine entscheidend wichtige Rolle, denn sie reguliert den Strom der körpereigenen Energien. Die unter dem oberen Bereich des Brustbeins liegende Thymusdrüse hat die Aufgabe, Unregelmäßigkeiten im Energiefluß auszugleichen und die Körperenergien damit in einer harmonischen Balance zu halten.

John Diamond beschreibt in seinem Buch *Die heilende Kraft der Emotionen*, daß die Thymusdrüse auf Infektionen und auf Streß sehr negativ reagiert, einschrumpft und somit ihre wichtige Funktion nur noch eingeschränkt wahrnehmen kann. Wenn wir davon ausgehen, daß die meisten Krankheiten auf der seelischen oder psychischen Ebene entstehen, daß Körper, Seele und Geist eine Einheit sind und daß die Verstandestätigkeit Reaktionen des physischen Körpers in starkem Maße zu beeinflussen vermag, dann ist verständlich, welches Organ durch psychische Belastungen beeinträchtigt wird: die Thymusdrüse, die wichtige Schaltstelle zwischen Psyche und Körper.

Ganz vereinfacht gesagt ist es also so, daß lebensfeindliche, einengende Emotionen direkt auf die Thymusdrüse einwirken und ihre Funktion einschränken. Die Energie flacht ab, es kommt zu Unterfunktionen in den Energiebahnen (Meridianen) des Körpers, und schließlich bilden sich Krankheitsherde. Es ist bekannt, daß zum Beispiel das

Krebs

Gefühl der Hoffnungslosigkeit auf der psychischen Ebene die energetische Grundlage für die Entstehung von Krebs ist.

Gefühle von Traurigkeit, Beengung und Angst stehen in direktem Zusammenhang mit einer dadurch eingeschränkten Lebenskraft, die wiederum einhergeht mit einer Schwächung des körpereigenen Abwehrsystems. Gefühle der Angst schwächen das Hara, Haßgefühle schwächen das Herz, und das zusätzlich zur ohnehin geschwächten Thymusdrüse. So bleibt es nicht aus, daß der Körper eine Art Antikörper gegen sich selbst bildet. Zu dieser Art der Autoimmunerkrankungen können alle Schilddrüsenstörungen gezählt werden, Polyarthritis, Diabetes, Multiple Sklerose und Krebs.

Auch wenn es den Betroffenen und vielen Ärzten vielleicht gar nicht gefallen mag, so steht doch fest, daß die Krankheit Krebs immer etwas mit der Abwesenheit von (Selbst-)Liebe zu tun hat. Wenn es gelingt, trotz des Problems eine positive Lebenseinstellung zu pflegen, wird nicht nur jede Schwierigkeit auf dem Weg zur Heilung leichter überwunden, sondern diese Haltung stärkt auch kontinuierlich das Immunsystem.

Immerhin hat die Schulmedizin erkannt, daß das körpereigene Abwehrsystem bei der Entstehung von Krebs eine bedeutende Rolle spielt. Deshalb wird seit Jahren fieberhaft nach Möglichkeiten gesucht, diese Immunabwehr zu stärken. Man hat allerdings eingestehen müssen, daß mit chemischen Mitteln nichts Durchgreifendes erreicht werden kann, obwohl wie im Fall der Entwicklung des Mittels Interferon riesige Geldmittel aufgewandt wurden. Aber es gibt auch einen anderen Ansatz, der mit der Frage beginnt, worin die Verbindung zwischen der Reiki-Kraft und den Autoimmunerkrankungen besteht.

Während der Reiki-Behandlung fließt die Reiki-Kraft durch das Kronen-Chakra ein und erreicht durch den inneren Kanal das Herz-Chakra. Die physische Entsprechung des Herz-Chakras ist die Thymusdrüse, die durch die Universelle Lebensenergie gestärkt wird. Die Thymusdrüse wird erfrischt und dehnt sich aus, was wiederum das körpereigene Immunsystem stärkt.

Im Bereich von Herz und Thymus teilt sich der Strom der einfließenden Reiki-Kraft und fließt zu den Chakras in den Händen.

Wenn die Reiki-Kraft durch den Körper strömt, strahlt die Aura stärker und bietet dem Betrachter ein harmonisches Bild. Anhand der Kirlian-Fotografie konnte dokumentiert werden, daß nach einer Reiki-Einweihung in sehr vielen Fällen ganz erheblich mehr Energie aus den Händen floß. Ebenso ist bekannt, daß Menschen, die die Aura sehen können, über große Unterschiede bezüglich der Energiefelder von Reiki-Schülern vor und nach der Reiki-Einweihung berichteten.

In diesem Zusammenhang hoffen wir, daß die Praxis der zusätzlichen Einweihung der Fuß-Chakras sich heutzutage immer mehr verbreitet. Die Fußeinweihungen gestatten einen verstärkten Energiefluß durch die Beine über das Hara, wodurch eine bessere Erdung der Universellen Lebensenergie im menschlichen Körper geschieht. Keinesfalls wird der Mensch dadurch an die Erde gebunden, sondern im Gegenteil zu einem noch durchlässigeren Kanal für die Reiki-Kraft. Wir und viele unserer Reiki-Freunde haben erleben dürfen, wie segensreich sich diese Praxis bisher schon ausgewirkt hat, wie Heilung, Lebensfreude, Spontanität gefördert wurden. Indem Reiki das Hara und das Herz stimuliert, damit Kontakt zur Erde schafft und über die angeregte Thymusdrüse das Immunsystem stärkt, ist es in der An-

wendung eine einfache, aber überaus effektive Präventiv-
maßnahme gegen die Entstehung von Autoimmunerkrankungen und eine jederzeit verfügbare Hilfe bei alltäglichen
Befindlichkeitsstörungen.

Im Gegensatz zu den eher »hausgemachten« Autoimmunerkrankungen ist die Immunschwäche Aids rein physisch
gesehen auf äußere Faktoren zurückzuführen. Aber innen
und außen stehen genauso in Verbindung wie oben und
unten. Wirkliche Lösungen, wirkliche Hilfestellungen für
den Menschen, können immer nur aus der Ganzheit geschehen. So ist es nicht verwunderlich, daß die medizinische
Forschung trotz größter Anstrengungen bei der Suche nach
einem Impfstoff gegen Aids bis heute praktisch auf der
Stelle tritt. Nicht nur in bezug auf Aids ist es an der Zeit,
daß sich die Wissenschaft als Ganzes einer geistigen Ursa-
chenforschung widmet. Gesunde Ernährung und eine vernünftige Lebensführung reichen nicht unbedingt aus, um
die Gesundheit zu erhalten. Am stärksten beeinflussen
unsere Kontakte zu anderen Menschen unser Befinden.
Darum ist es so wichtig, unsere Beziehungen in Harmonie
zu bringen. Das gilt besonders für das Verhältnis zu unserem Partner, zu unserer Partnerin.

Es ist bekannt, daß manche Paare nach ihren Einweihungen in die Reiki-Kraft nach kurzer Zeit ihre Reiki-Praxis be-
endeten. Hierbei dürfte die Angst vor Veränderungen im
Vordergrund gestanden haben, die Befürchtung, das Hervor-
treten der Wahrheit nicht verkraften zu können. Und es gibt
viele Menschen, die Veränderung und Wahrheit einfach
nicht wollen. Wer sich in dieser Weise gegen die Lebensenergie stellt, sein Herz verschließt und sich auch noch von der
eigenen Kraft abschneidet, braucht sich nicht zu wundern,
wenn dann die Seele gezwungen ist, ihr Leid als Krankheit
in den Körper zu verlagern.

Reiki ist eine Form der Prävention. Partner, die sich gegenseitig mit der Reiki-Kraft verwöhnen und erfreuen, können schwerlich lieblos miteinander umgehen. Gerade diese Lieblosigkeit aber ist es, die oftmals schwere Erkrankungen hervorruft, besonders auch viele Frauenkrankheiten.

Wir haben mehrfach in diesem Buch darauf hingewiesen, daß es unrichtig wäre, Reiki als eine Heilenergie zu bezeichnen und insofern von der Reiki-Praxis in erster Linie die Heilung des physischen Körpers zu erwarten. Gleichzeitig haben wir aber auch zum Ausdruck gebracht, in welcher ganzheitlichen Weise die Reiki-Kraft wirkt, so daß im Zuge der Harmonisierung des ganzen Menschen auch eine Heilung des Körpers früher oder später gar nicht ausbleiben kann, sofern der Betroffene mitwirkt und sich der Universellen Lebensenergie nicht verschließt.

Wie sieht es aber nun mit sehr schweren Erkrankungen wie zum Beispiel Aids aus? Die bisher fast ausschließlich vertretene Meinung lautet, daß Aids unheilbar ist und zwangsläufig zum Tod führt. Diese Ansicht konnte sich durchsetzen, weil nur ganz wenige Menschen gerade auch die Krankheit Aids aus einer spirituellen Sichtweise zu betrachten vermögen und weil die Hoffnung auf einen Impfstoff gegen Aids immer wieder enttäuscht wurde.

Betrachten wir einmal Aids im Zusammenhang mit dem Übergang vom Fische- zum Wassermannzeitalter, verstehen wir also Aids aus der kollektiven Perspektive. Wir müssen Aids dann als Prüfung, Chance und Neubeginn begrüßen – als Gelegenheit zur Rückbesinnung auf vernachlässigte Werte, als Chance zu Wachstum. Und das gilt auch individuell für die Menschen bei denen die Erkrankung ausgebrochen ist, für die HIV-Positiven, für die Nichtinfizierten und auch für diejenigen, die meinen, sich niemals infizieren zu können. Wenn wir uns vor Augen halten, in welcher Zeit wir leben – und wir haben das im Kapitel über das Wassermannzeitalter zu umreißen versucht –, dann paßt Aids als Mahnung, als Herausforderung zur Bewußtwerdung ins Bild. Auf die Erörterung karmischer Zusammenhänge wollen wir an dieser Stelle verzichten.

Zunächst ist es ganz wichtig, zu verstehen, daß der erste Schritt des unumgänglichen Selbstbesinnungsprozesses, der einem (Selbst-)Heilungsprozeß vorausgehen muß, immer darin besteht, sich selbst zu lieben und zu akzeptieren und sich keine Vorwürfe mehr zu machen. Aids zwingt die Menschen dazu, wieder zur Besinnung zu kommen. Wir alle sind angesichts dieser tödlichen Bedrohung dazu herausgefordert, wieder nach innen zu sehen (und das heißt ganz sicher mehr, als »den inneren Schweinehund« zu besiegen). Aber wer bereits infiziert ist, für den wird der Selbstbesinnungsprozeß und das Entwickeln von Selbstakzeptanz und Selbstliebe nur die nötige Plattform für den Beginn der Reise zu sich selbst sein.

Wer sich vom Aids-Virus befreien will, der muß sehr hart an sich arbeiten, Bewußtheit durch Meditation erlangen und der Existenz durch ununterbrochene Selbstüberwindung den Wunsch nach geistigem Wachstum signalisieren. Nur eine erheblich über das durchschnittliche Maß gesteigerte Bewußtheit eröffnet die Chance, diesen Entwicklungsschritt in der gegenwärtigen Inkarnation zu tun. Die nötige Energie und das nötige Vertrauen kann dabei die Reiki-Kraft auf einfache Weise zur Verfügung stellen.

»Alles, was man wirklich will, das kann man auch.« Das ist die Aussage vieler Wachstumssysteme. Das ist auch die Botschaft der Reiki-Kraft, allerdings mit der Nuance, daß *wir* selbst gar nichts tun können, sondern daß von uns nur der Wunsch ausgehen kann – der Herzenswunsch, der Impuls –, der die helfenden Kräfte anzieht und zur Gestaltung ruft.

»Klopfet an, und es wird euch aufgetan«, sagte Jesus. Klopfen müssen wir selbst an der Tür, hinter der das Licht ist. Das Öffnen der Tür liegt in den Bereichen einer höheren Instanz, der wir uns nur hingeben können im Vertrauen darauf, daß das Richtige für uns zur richtigen Zeit geschieht. Insofern kann eine Aids-Erkrankung den Charakter einer spirituellen Aufforderung zum Wachstum haben. Es kommt darauf an, dies wirklich zu verstehen und sich trotz aller Ängste hundertprozentig und frei von allen Halbherzigkeiten dem Leben anzuvertrauen. Es kommt darauf an, nicht zu verzweifeln, sondern mutig und kraftvoll das Leben in neuer Weise in die Hand zu nehmen, es willkommen zu heißen, selbst freudig zu wachsen und ständig voranzugehen – und das trotz eines Papiers, auf dem HIV-positiv steht.

Im Herbst 1993 war beispielsweise jeder dritte in San Francisco HIV-positiv. Zumindest in dieser Stadt, von der einst die Flower-Power-Bewegung ausging, hat sich die Erkenntnis durchgesetzt, daß Solidarität und Menschlichkeit gefordert sind. So entstand eine große Selbsthilfeorganisation zur Betreuung der an Aids Erkrankten, die den Namen Open Hand trägt – Offene Hand.

Aids hat nicht nur in San Francisco die Rückbesinnung auf den Gemeinschaftssinn bewirkt. Aids beginnt die Gesellschaft zu verändern. Diese lebensbedrohende Krankheit zwingt zu einem Wertewandel Richtung Mitgefühl, Hilfe, Anteilnahme und Selbstbesinnung. Aber mußte erst dieser Anstoß in Form einer schrecklichen Krankheit nötig werden, die bisher schon Tausenden das Leben gekostet hat?

Gerade in den USA hat sich das Bewußtsein verbreitet, daß Aids jetzt praktisch jeden treffen kann. Wir sagen, daß Universelle Lebensenergie jedem zur Verfügung steht, der danach den Wunsch verspürt. Wir sagen nicht, daß Einweihungen in die Reiki-Kraft Schutz vor einer Aids-Infizierung bieten. Wir sagen nicht, daß Reiki die letzte oder einzige Rettungsmöglichkeit im Zusammenwirken mit anderen Faktoren ist. Wir wissen allerdings, daß die Reiki-Praxis zur Gesundung betragen kann, neben einer gesunden Ernährung, einer harmonischen, vernünftigen Lebensführung und im Zusammenwirken mit einer konsequenten Meditationspraxis.

Gerade für das Thema Aids gilt, was für Reiki allgemein Gültigkeit hat: Für die tiefe Erfahrung des Reiki-Prozesses ist kein Rückzug von der Welt nötig oder hilfreich. Im Gegenteil. Gefragt ist ein kraftvoller, freudiger Sprung in die Realität, so grauenhaft sie im Fall einer Aids-Infizierung zunächst auch erscheinen mag. Auch in bezug auf Aids gilt in letzter Konsequenz, was uns die Reiki-Kraft in jedem Fall lehren will: Wenn wir nicht bereit sind, dem Tod schon jetzt ins Angesicht zu schauen, sind wir letzten Endes auch nicht bereit, uns wirklicher Stille, der Leere, zu überlassen. Nur aus der Leere heraus kann Heilung geschehen, und das auch in einem an das Wunderbare grenzenden Ausmaß.

Über die tägliche beziehungsweise ununterbrochene Reiki-Anwendung hinaus (in Verbindung mit der Meditation) mag der Rat des im Kapitel über die Kampfkunst erwähnten Schwertkämpfer Miamoto Musashi hilfreich sein. Er empfiehlt, gewissermaßen mit dem Schwert unseres Bewußtseins in uns angelegte Leidensbereitschaft und alte Schwäche zu durchschlagen, die die Ursache der Krankheit gewesen sind. Das heißt im Sinne von Musashi, künftig die Aufmerksamkeit auch gegenüber kleinsten Dingen nicht zu vernachlässigen, die Dinge wie ein Schwertkämpfe auf den ersten Blick zu durchschauen und schließlich das Wesen dessen zu erkennen, was unsichtbar bleibt.

Um es aber noch einmal ganz unmißverständlich darzulegen: Wir behaupten hier nicht, daß die Reiki-Kraft die Aids-Seuche generell eindämmen kann. Wir sagen allerdings, daß

Aids (genau wie Krebs) auf individueller Ebene heilbar ist, mindestens jedoch insofern eindämmbar, als der Krankheitsverlauf nicht unwiderruflich eine für den Menschen tödliche Entwicklung nehmen muß, wie heute fast ausschließlich noch angenommen wird. Unabhängig von unserer Intuition und unserer Erfahrung in dieser Hinsicht stützen wir uns hier auch auf die naturwissenschaftlich begründeten Thesen von Michael Strzempla-Depré, die er in seinem Buch *Die Physik der Erleuchtung* dargelegt hat.

Wir zitieren aus seinem Buch einige der entscheidenden Textstellen: »Durch die Rückkehr zu einer bewußten und gesunden Lebensweise und durch die Anwendung von Methoden, die die Lichtkommunikation zwischen den Elektronen (in unseren Körperzellen) wiederherstellen, ist Krebs heilbar. Die Krankheit Aids ist heilbar, aber nur dann, wenn das Bioplasmaniveau, also die im Körper gespeicherte Lichtmenge, weit über das normale Niveau angehoben wird. Wenn die Elektronen der DNA der Abwehrzelle genügend Lichtenergie gespeichert haben, ist das zelleigene elektromagnetische Feld sehr stark, und die RNA des Aids-Virus kann sich gegenüber der DNA der Zelle nicht durchsetzen. Das bedeutet, daß Aids heilbar ist, wenn ein Aids-Kranker sich geistig transformiert! Wenn der menschliche Energiekanal weit geöffnet wird, dann hat das Aids-Virus bei den Abwehrzellen keine Chance – es wird abgewiesen oder sogar zerstört. Das gleiche gilt für alle Körperzellen, die das Aids-Virus als Wirtzellen benutzt. Liebe ist das einzige Mittel gegen Aids.«

Wenn der Mensch etwas wirklich vom Herzen her anpacken will, dann kommt aus dem Universum Universelle Lebenskraft zu Hilfe. Die Veröffentlichung des vierten Reiki-Symbols sollte deshalb auch vor dem Hintergrund der Aids-Thematik gesehen werden.

Wir alle stehen noch mehr oder weniger unter dem Einfluß des sogenannten kollektiven (Unter-)Bewußtseins. Auch christlich nicht gebundene Menschen verfallen sehr leicht durch eine schwere Krankheit in die Wahrheit vernebelnde Vorstellung, daß die Seele des Menschen durch die Sünde an die Erde gekettet ist und er deshalb leiden muß. Schuldgefühle und Ängste sind jedoch die Faktoren, die unser Selbstvertrauen untergraben, die unseren Lebenswillen abblocken und die unsere Selbstheilungskräfte einschränken.

Die Universelle Lebensenergie, die uns bei jeder Reiki-Anwendung durchströmt, will uns unsere Allverbundenheit erkennen lassen. Es ist eine Tatsache, daß sich viele Menschen allein schon deshalb nicht frei entfalten können und einfach nicht glücklich sind, weil sie sich von allen Menschen auf der ganzen Welt isoliert fühlen. Es bedarf sicher großer Stärke und Einsicht gerade im Fall einer HIV-Infektion beziehungsweise einer Aids-Erkrankung zu erkennen, daß in Wirklichkeit nichts voneinander getrennt ist, sondern daß in allen unterschiedlichen Lebensformen die gleiche Urkraft, die gleiche Energie fließt.

Es muß einen tieferen Sinn haben, daß gerade zum Beginn des Wassermannzeitalters, einem Zeitalter des Wissens anstelle des Glaubens, eine Krankheit wie Aids auftritt, die der ganzen Welt auf neue Weise drastisch vor Augen hält, wie vergänglich die einzelne Lebensform ist. Unumgänglich ist aber auch hierbei der Prozeß persönlicher Erfahrung, der zu erweiterter Bewußtheit führen muß bis hin zur vollständigen Durchleuchtung des Problems Aids. Wir erkennen dabei Reiki als ein Angebot der Existenz, als eine Hilfe zur Bewußtwerdung und ganzheitlichen Heilung, wobei natürlich die individuellen Unterschiede von Mensch zu Mensch groß sind.

Wir wollen mit diesen Bemerkungen keine übertriebenen Hoffnungen wecken, wir wollen aber allen Betroffenen dieses Angebot des Lebens vermitteln.

Die Bereitschaft, das eigene Leben grundlegend zu ändern, ist Grundlage der Heilung! Heilkraft ist überall im Raum vorhanden. Der Mensch muß sie nur abrufen, erbitten und dann von sich aus den Regenerationsprozeß zulassen. Und das heißt, uneingeschränkt ja zum Leben sagen! In ihrem Buch *Das heilende Ja* beschreibt Niro Markoff Assistent den Prozeß ihrer Heilung von Aids.

Angesichts der Brisanz des Themas wiederholen wir noch einmal ganz unmißverständlich: Wir wollen mit diesen Ausführungen keinesfalls die Erwartung wecken, daß Reiki die Krankheit Aids heilen kann. Sicher ist allerdings, daß die Reiki-Kraft das Immunsystem stärkt, die Helferzellen im Körper kräftigt und eventuell sogar den Ausbruch der Krankheit verzögert oder sogar verhindert. Alles hängt letztlich vom einzelnen ab – von seinem Lebenswillen, seiner Kraft und Einsatzfreude, das eigene Leben in neue und bessere Bahnen zu lenken.

In dem 1989 entstandenen Film »Diese vitale Wut« kommt sehr gut zum Ausdruck, welche Kraft durch ein Aufbäumen gegen das vermeintliche Todesurteil Aids aktiviert werden kann, welche explosive Kraft dann zur Verfügung steht, um auch diese Krankheit anzugehen. Kein Mensch wird gezwungen, den Mythos als wahr anzunehmen, daß Aids hundertprozentig tödlich ist. Positive Wut vermag enorme Kräfte freizusetzen. Und in Abwandlung eines Ausspruches in diesem Film sagen wir: Man kann der Vergangenheit entkommen und sogar einer vermeintlich negativen Zukunft, die vorgezeichnet zu sein scheint. Pessimistische Gedanken und Gefühle der Ohnmacht untergraben unsere Abwehrkräfte. Das sollte man nicht zulassen. Das uneingeschränkte innere Ja zur Heilung ist entscheidend. Auch Psychologie und Medizin gehen inzwischen davon aus, daß Hoffnung und Zuversicht das Immunsystem stärken.

Wir hoffen, mit diesen Bemerkungen unseren Lesern und Leserinnen etwas von der Angst nehmen zu können, die beim Thema Aids zwangsläufig hochkommt. Aids gleich Tod gleich Selbstbesinnung – hier scheint auch ein tieferer Sinn verborgen zu sein, besonders im Abendland, in dem der Tod das absolute Tabuthema ist.

Die Wissenschaft läßt nur die Ratio gelten, kann aber von daher auch keine Hilfe bieten, wenn es um das Thema Tod geht. Die Esoterik versucht, alle so lange negierten und verschütteten Bereiche neu zusammenzufügen, um den Menschen wieder ein Gefühl der Ganzheitlichkeit und der Lebendigkeit zu geben. Immer mehr Menschen spüren nun so kurz vor der Jahrtausendwende, daß Spiritualität im Alltag nötig ist, um die sich vermehrenden Probleme bewältigen zu können. Auf das Thema Aids trifft das in herausragender Weise zu. Dabei ist der Zusammenhang von Heil und Heilung absolut nichts Neues. So war das Handauflegen als heilsame Maßnahme schon immer bekannt, wie wir bereits erwähnten.

Aber auch in bezug auf die Krankheit Aids scheint sich in neuester Zeit eine ermutigende Entwicklung abzuzeichnen. In der Mai-Ausgabe der Zeitschrift *Esotera* von 1993 wurde unter anderem eine in Deutschland seit einigen Jahren bekannte Reiki-Lehrerin erwähnt und über die Reiki-Anwendung bei Drogen-Abhängigen und Aids-Kranken im Rahmen eines halbstaatlichen Projekts in Hamburg berichtet. Es war dabei die Rede von spürbaren wie meßbaren Verbesserungen der körperlich-seelischen Verfassung der Patienten durch die Anwendung der Reiki-Kraft. Es wurde berichtet, daß sich zum Teil das Blutbild verbessert habe und daß die Betroffenen durch die Reiki-Behandlungen motivierter seien, sich auf den Prozeß der Bewußtwerdung einzulassen.

Im Rahmen unserer Betrachtungen über die Zusammenhänge von Reiki und Aids erscheinen uns auch einige Worte über die Bedeutung von Affirmationen angebracht. Affirmationen können in vielen Bereichen unterstützend wirken. Die positiven Wirkungen der Hypnotherapie, von NLP usw. sind bekannt. Wir haben bisher allerdings darauf verzichtet, auf diese Methoden in unserem Buch über die Reiki-Kraft einzugehen, weil die Arbeit mit Affirmationen letztlich doch immer um das persönliche Wollen kreist, also um unsere Verstandestätigkeit.

Unser Augenmerk liegt hingegen auf der Betonung des Nichttuns, auf dem Nicht-eingreifen-Wollen in das segensreiche Wirken der Reiki-Kraft, und das nicht zuletzt auch deshalb, weil uns die Verbindung von Reiki und Meditationen so wichtig ist. Reiki und Meditation zeichnen sich durch das achtsame Gewährenlassen der Prozesse des Lebens aus. Sie sollten deshalb unseres Erachtens nach grundsätzlich nicht mit Affirmationen verknüpft werden.

Aber »grundsätzlich« heißt bekanntlich, daß Ausnahmen möglich sind. Aids ist so eine Ausnahme.

Affirmationen sind ganz sicher nicht geeignet, uns zur spirituellen Erleuchtung zu bringen, ebenso wenig wie die Arbeit mit dem vierten Reiki-Symbol. All das wäre ein Ansatz aus dem Wollen des Ego, also aus der Verstandestätigkeit heraus. Positive Affirmationen sind aber ein großes Hilfsmittel, das uns in die Lage versetzen kann, mit unseren Problemen auf der psychischen Ebene besser umzugehen. Das gleiche gilt auch für unser Verhaftetsein mit den uns von früher Kindheit an eingeimpften Glaubenssystemen. Bezogen auf Aids kann das heißen, daß Gefühle von

Schuld, Wertlosigkeit usw. vorliegen, die den Zugang zur Lebenskraft blockieren und die auch das freie Durchfließen der Reiki-Kraft behindern. Das bedeutet hinsichtlich der geltenden Anschauung, daß Aids ausnahmslos für jeden Menschen, der HIV-positiv ist, mit dem frühen und oft sehr qualvollen Tod enden muß. Aber das ist nur ein derzeit gesellschaftlich sanktioniertes Glaubenssystem, das seine Grundlage darin hat, daß die Schulmedizin es noch nicht besser weiß und leider auch bis heute alles »Unwissenschaftliche« zum größten Teil ablehnt.

Einer der ersten Schritte auf dem Weg zur Gesundung sollte also für alle HIV-Infizierten darin bestehen, sich von derlei negativen Glaubenssystemen zu befreien und sich statt dessen für würdig zu erkennen, als ein Teil des Lebens, des Universums, Hilfe zu erhalten. Sie sollten sich aber auch auf die eigene Kraft und auf das eigene Bewußtsein verlassen und Blockaden auf der psychologischen Ebene abbauen. Für diese so wichtige, ja absolut unerläßliche Selbsthilfe können Affirmationen eine große Hilfe sein. Alle Systeme, die mit positiven Autosuggestionen arbeiten, können mit den Techniken des 2. Reiki-Grades hervorragend kombiniert werden. (Affirmationen sollten ohne Verneinungen formuliert sein, also: »Ich lasse die Vorstellung los … « statt »Ich glaube *nicht* mehr an …«. Sie sollten in eigenen Worten, in der Muttersprache abgefaßt sein, und man sollte jeweils nur mit einer Affirmation arbeiten. Nach einem Zeitraum von etwa drei Wochen kann man dann zur nächsten Affirmation übergehen.)

Ein allseits bekannter, jedoch auch oft ins Lächerliche gezogener Ausspruch lautet: »Hilf dir selbst, dann hilft dir Gott.« Wenn wir ihn beherzigen wollen und auf das Thema Reiki, Selbsthilfe und Aids beziehen, heißt das: Meditieren, behandle dich selbst und andere mit Reiki, laß dich mit

Reiki behandeln, arbeite mit Affirmationen, arbeite deine Vergangenheit auf, und das schonungslos und ehrlich vor dir selbst. Binde, wie es die Sufis ausdrücken, selbst dein Kamel an – und dann vertraue auf Allah.

Aids muß nicht zwangsläufig zum Tod führen. Aids kann *die* Herausforderung zur Bewußtwerdung sein. Affirmationen im Zusammenwirken mit Meditation, Reiki und anderen Faktoren können helfen, diese schreckliche Krankheit zu überstehen.

In seinem Buch *Lebensenergie* beschreibt Stephano Sabetti den, wie er es nennt, Heilkanal, über den jeder Mensch verfügt. Sabetti versteht diesen Heilkanal als eine Art Durchlaß für die Lebensenergie, die er als Energiepassage zwischen Individuum und Universum deutet. Aus dem Kapitel »Die Life-Energy-Therapie« zitieren wir eine besonders eindrucksvolle Passage:

»Die bewußte Nutzung des Heilkanals ist von großer Bedeutung für unsere Gesundheit und spirituelle Entwicklung, was sofort deutlich wird, wenn wir nur die wichtigsten Wirkungen der Öffnung dieses Kanals aufzählen: universale Bewußtheit, körperliche Gesundheit, persönliche Offenheit, Schutz (wie etwa in den Kampfkünsten), unbeschränkte Intelligenz; wir fühlen uns körperlich und seelisch wohl, der Geist wird still (durch Meditation), und wir schließen uns in all unseren Aspekten zu einer Ganzheit zusammen, was sich in körperlicher Anmut, in Klarheit, Selbstvertrauen und strahlender Lebendigkeit äußert. Wieviel Ganzheit wir im Leben erfahren, hängt direkt vom Öffnungsgrad des Heilkanals ab. Unsere Offenheit hängt wiederum davon ab, welche Art von Bewußtsein wir ausstrahlen. Ein höheres Bewußtseinsniveau deutet auf eine weitere Öffnung des Kanals hin und umgekehrt. Der Heilkanal ist das Medium der spirituellen Entwicklung.«

Angesichts der Brisanz dieses Themas müssen wir aber zum Schluß dieses Kapitels noch einmal ganz ausdrücklich darauf hinweisen, daß unsere Anregungen keinesfalls auf jeden Menschen anwendbar sind. Entscheidend sind die Stärke und der Grad der Entschlossenheit jedes einzelnen, sein Äußerstes von sich aus zu tun, um der Universellen Lebensenergie, die auch heilen kann, den Weg freizugeben.

Im Wassermannzeitalter wird nicht mehr zählen, welchen Weg wir zu uns, zu Gott, zur Quelle, zur Freiheit, zur Erleuchtung gehen. Die Hauptsache ist, daß es ein Weg der Wahrheit zu uns selbst ist, daß es ein Weg ist, der hilft.

Gesellschaft und Wirtschaft

Wir alle tragen im tiefsten Inneren unseres Herzens die Vision eines besseren Lebens. Wir alle sehnen uns nach einer schöneren Erde. Aber die Situation unseres Planeten ist zur Zeit alles andere als friedlich und harmonisch.

Die Ideologie der Leistungsgesellschaft hat bewirkt, daß nicht nur die Natur geschädigt und die natürlichen Ressourcen gedankenlos ausgebeutet wurden, sie hat auch zu einer anwachsenden Entfremdung unter den Menschen beigetragen. Besonders in den großen Städten ist das Leben hart und kalt geworden. Alles droht aus dem Gleichgewicht zu fallen. Die Gesellschaft wirkt nicht mehr konstruktiv genug auf den einzelnen, der bestrebt ist, sich selbst zu erkennen und seine Begabungen und Talente sinnvoll zu entfalten. Viele Menschen versuchen heute ihre individuellen Ziele bewußt oder unbewußt auf Kosten anderer zu verwirklichen. Folge davon ist, daß Konkurrenzdenken, Argwohn, Angst und Abgrenzung die sozialen Kontakte beherrschen. Traditionelle Wertmaßstäbe haben sich verändert.

Auf der anderen Seite zeichnet sich jedoch immer stärker die Gegenströmung ab, die mehr freie Entfaltung, mehr Individualismus, mehr solidarische Gemeinsamkeit erstrebt oder schon lebt. Immer mehr setzt sich die Erkenntnis durch, daß ein Aufleben der Menschlichkeit und eine neue Form der Kommunikation an Gewicht gewinnen müssen, um zu überleben.

Individuum und neue Gesellschaft

Das Beängstigende an der Gesellschaft, wie sie sich uns heute darstellt, sind die Orientierungslosigkeit vieler Menschen und das sich immer mehr verbreitende psychische Leid. Wohl niemand wird sich noch der Illusion hingeben können, daß ein starker Mann, eine Samariter-, Messias- oder Bündnispartei dem wachsenden gesellschaftlichen Elend, besonders der sich ausweitenden psychischen Verelendung wirksam entgegentreten könnte.

Die Schwingung des Wassermannzeitalters läßt in immer mehr Menschen die Erkenntnis reifen, daß nur noch beim Individuum angesetzt werden kann. Individuelle Bewußtwerdungsprozesse sind nötig, damit sich auch die gesellschaftlichen Verhältnisse verbessern, damit sie humaner werden und viel mehr Menschen hinsichtlich ihrer weiteren Lebensgestaltung überhaupt eine Wahl lassen.

Die Entfaltung des wahren Potentials des Menschen setzt neben physischer Gesundheit und einer harmonischen Gemütsverfassung kreative Ausdrucksmöglichkeiten und eine befriedigende, entspannende und anregende Kommunikation mit der Umwelt voraus, um zur Erkenntnis des eigenen Daseins im Spiegel der Welt zu gelangen. Aber wie das anfangen, wenn die meisten von uns noch nicht über dieses Bewußtsein verfügen, wenn der Arbeitstag schon mit miesen Gesichtern auf dem Weg ins Büro beginnt?

Die Reiki-(Selbst-)Behandlung kann eine erste Erfahrung angenehmer Entspannung vermitteln und uns den Samen neuen Vertrauens in das Leben einpflanzen. Die angewandten Techniken des 2. Reiki-Grades können uns das Gefühl nehmen, ein Spielball unergründlicher Schicksalsmächte zu sein, und uns gleichzeitig helfen, positiv nach außen zu wirken. Reiki unterstützt uns, unser wahres Potential zu entwickeln und uns voll zu entfalten – auch inmitten einer destruktiven gesellschaftlichen Realität.

Je klarer wir uns selbst sehen, je unkomplizierter und bereinigter unsere eigene Situation ist und je liebevoller unsere Beziehungen zu unseren Mitmenschen sind, desto klarer sehen wir auch die gesellschaftlichen Gegebenheiten, in die wir eingebunden sind. Desto eher können wir auch den Platz für uns finden und einnehmen, der uns wirklich erfüllt und die Voraussetzungen bietet, weitgehend losgelöst von repressiven Zwängen unseren ureigensten Weg zu gehen.

Wenn dies allerdings nur ein geringer Prozentsatz der Bevölkerung erkennt und entsprechend handelt, der große Rest aber weiterhin hin- und herpendelt zwischen pragmatisch-egoistischem Alltagsverhalten und den seltenen Momenten einer Art »Heiligabend-Sensibilität«, werden wohl erst noch viel schlimmere Dinge zutage treten müssen, bevor ein allgemeines Umdenken geschieht.

Wir alle können einfach nicht mehr länger so tun, als würden die Verrohung der Umgangsformen, Gewalt in der Schule, Ausländerhaß, organisierte Kriminalität, Drogenmißbrauch und alle bekannten globalen katastrophalen Entwicklungen wie aus heiterem Himmel über uns hereinbrechen. Ausgangspunkt in diese oder jene Richtung ist immer das Individuum.

Jeder einzelne wird künftig zwar noch viel mehr seine Verantwortung für äußere Ereignisse spüren, damit aber nicht mehr in dem Maße von ihnen überrollt werden, wie es heute leider noch die Regel ist. Entscheidend dabei ist, daß wir wieder lernen, auf die leise Stimme in uns zu hören, die uns warnt und die uns zu aktiver Einflußnahme und Gestaltung auffordert.

Stellen wir uns einerseits eine Familie oder Wohngemeinschaft vor, in der die Jungen und die Alten am Abend anstelle eines Krimis sich gegenseitig mit einer Reiki-Behandlung erfreuen. Lassen wir unsere Phantasie ein Umfeld erschaffen, in dem die Bewohner täglich – und ohne davon Aufhebens zu machen – mit den Techniken des 2. Reiki-Grades an sich und für das Wohl aller anderen »arbeiten«. Wird ein solches Haus Keimzelle von Gewalt oder Depression sein?

Stellen wir uns andererseits einen vergleichbaren Bereich vor, in dem die Menschen keinerlei Möglichkeiten individueller Entfaltung und ganzheitlichen harmonischen Wachstums für sich sehen und noch nicht einmal Gelegenheit zum Rückzug und der damit verbundenen Selbstbesinnung, Selbstfindung haben. Was jetzt noch die Regel ist, kann durch unser aller Tätigwerden zur Ausnahme werden und schließlich als »Lebensform« ganz verschwinden. Aber wir alle müssen etwas tun, um der völligen Entgleisung des Verhaltens entgegenzuwirken, denn es gibt in unserem Land schon jetzt viele Familien, die nicht nur durch die Maschen des sozialen Netzes gefallen sind, sondern sich selbst aufgegeben haben und bei denen nichts mehr stimmt. Sozialarbeit vermag hier kaum noch etwas auszurichten.

Die allgemeine Umbruchphase in den westlichen Industriegesellschaften hat es mit sich gebracht, daß die Bereiche Ehe, Familie und Arbeit nicht mehr als Bausteine persönlicher Sicherheit dienen, wie es noch vor einer Generation üblich war. Trotzdem gehen viele Menschen aber noch immer davon aus, daß der Partner neben der Erfüllung vieler Wünsche auch für die Befreiung von neurotischen Ängsten zuständig sei. Auch hier ist zu beobachten, daß es bisher meist nur ganz wenige Männer sind, die von sich aus den Impuls verspüren, sich in einen emanzipatorischen Entwicklungsprozeß zu begeben. Die meisten verharren statt dessen in den bekannten Denk- und Handlungsweisen und belassen alles beim alten.

Generell sind starre gesellschaftliche Regeln eine Barriere, die sich der Entfaltung des Individuums entgegenstellen und den gesellschaftlichen Fortschritt im Sinne einer Evolution in das Wassermannzeitalter hinein erschweren. Alle nicht mehr förderlichen Normen sind heute deshalb aufzubrechen, und der Reiki-Prozeß, ausgehend von jedem einzelnen, kann dazu einen großen Beitrag leisten.

Die Menschen müssen Mut schöpfen, Sprachbarrieren zu überwinden und Kultursprünge zu wagen. Sie müssen lernen, mehr Botschaften untereinander auszutauschen und einfach Neues zu erproben. Nur so können sich neue Maßstäbe in der Gesellschaft herausbilden, die dem Menschen in der kommenden Zeit dienen.

Ganz simpel gesagt: Wir alle müssen uns selbst einen Raum schaffen, in dem wir glücklich werden können durch die Liebe und in dem wir nicht mehr aus lauter Angst abgetrennt und besser als die anderen sein müssen. Herzlichkeit, Großzügigkeit, Flexibilität, Menschlichkeit und Liebe – das sind die Pfeiler einer neuen Gesellschaft. Wenn die Menschheit nicht bald diese Pfeiler zu errichten vermag, wird sie untergehen.

Es bleibt zu hoffen, daß schon bald die Videotheken auf ihren Kassetten mit Horrorfilmen sitzenbleiben, weil niemand so etwas mehr sehen will, oder daß Lehrer nicht mehr aus lauter Angst vor ihren Schülern Selbstverteidigungskurse belegen müssen. Es bleibt zu hoffen, daß frühzeitig eine umfassende Friedenserziehung in den Schulen passiert und daß alle Medien zu einem tieferen Verständnis ihrer Verantwortung gelangen, also auf Darbietungen von Gewalt verzichten, auch wenn das zunächst den Einschaltquoten nicht zuträglich sein wird.

Viele Zehntausende haben allein in Deutschland bisher schon die belebende, befreiende Wirkung der Reiki-Kraft erleben können. Sie spüren, wie Reiki mehr und mehr das Herz öffnet und wie dadurch Mitgefühl und Liebe wachsen. Immer mehr Menschen erleben auch die Segnung einer Meditationspraxis, die Klarheit, Sicherheit und Kraft gibt. Immer mehr Menschen treffen sich, um gemeinsam zu meditieren. Unter den Reiki-Lehrern der neuen Generation setzt sich die Praxis durch, für Reiki-Behandlungen oder -Einweihungen kein Geld als Energieaustausch mehr anzunehmen, worauf diese oftmals beruflich sehr erfolgreichen Menschen auch gar nicht angewiesen sind. Wir sehen hierin das beginnende Wirken des Wassermannzeitalters: Menschen, die ihrem jeweiligen Beruf nachgehen und gleichzeitig ihren Mitmenschen die Reiki-Kraft nahebringen in Form eines Austausches, ohne Bezahlung in Geld – das ist persönliche Expansion, die hoffen läßt, daß sich die gesellschaftlichen Verhältnisse ändern.

Betrachtungen über die Gesellschaft, wie sie heute ist, und darüber, wie sie sich weiterentwickeln muß und wird, wären unvollständig, wenn wir nicht auf die Bedeutung und auf die Entwicklung unserer Kinder eingehen würden. Von der Weltsicht und den Verhaltensweisen der Kinder wird der Fortbestand der Erde abhängen. In ihren Händen liegt die Zukunft der Welt. Aber sind wir bisher in der Lage gewesen, Kinder auf ihr Leben als Verantwortung tragende Erwachsene im Sinne eines Überlebens der Gattung Mensch vorzubereiten? Konnten wir ihnen durch unser Beispiel bisher ausreichend die künftig so wichtigen Inhalte einer sinnvollen und verantwortungsbewußten Lebensführung vermitteln? Gelang es uns, ihnen nahezulegen, was Mensch sein im Einklang mit kosmischem Geschehen bedeutet?

Nicht nur die Eltern und Pädagogen sind gefordert, sondern jedes Mitglied der Gesellschaft, wenn es darum geht, in der uns nachfolgenden Generation Vertrauen ins Leben zu wecken. Wir alle sind aufgerufen, der jungen Generation dieses Vertrauen vorzuleben. Der Reiki-Prozeß schafft im Reiki-Schüler neuen Raum für diese Aufgabe und vermittelt ihm Zuversicht. Das aufblühende Selbstvertrauen durch die Erfahrungen mit uns selbst und mit unserer Umgebung wird wie von selbst überspringen auf unsere Kinder, die ja nach Orientierungshilfen für ihr Leben suchen und bereit sind, alles ihnen attraktiv Erscheinende sofort nachzuahmen. Kinder und Jugendliche müssen Erfahrungen sammeln, um sich selbst in ihrer Rolle finden zu können. Aber dazu brauchen sie ihre Freunde, Eltern und Lehrer als Vorbilder.

Schwierige Situationen in der Entwicklung von Kindern und Jugendlichen können leichter bewältigt werden, wenn die ältere Generation selbst genug Vertrauen in das Leben gewonnen hat. Es wird immer wichtiger, daß Eltern und Lehrer aus eigener Erfahrung Hilfestellungen geben können, die den anspruchsvoller werdenden Herausforderungen unserer Zeit gerecht werden, bevor sich die Schwierigkeiten der Kinder in ernste Probleme verwandeln.

Die neue Gesellschaft des Wassermannzeitalters wird ein Zusammenwirken von Individuen sein, das aufgrund eines gewandelten Gottesbildes von einem »religiösen« Bewußtsein getragen ist, und die Gesellschaft wird dem Individuum dienen. Göttlichkeit wird als eine Qualität menschlicher Vervollkommnung begriffen, die jeder fühlt und lebt – zum Wohle des Ganzen. Der neue Mensch ist sich seiner Einzigartigkeit und der aller anderen bewußt, ohne daß damit Überheblichkeit oder Minderwertigkeitsgefühle verbunden wären. Der neue Mensch braucht die staatliche Einrichtung der Ehe nicht mehr, denn die Liebe wird das einzige Gesetz sein. Kinder wachsen als Teil der Kommune auf, die mehr und mehr die bürgerliche Kleinfamilie ablösen wird.

Der Reiki-Prozeß und die Praxis der Meditation, erlebt von vielen Menschen, kann nicht nur für den einzelnen, sondern auch für die Gesellschaft einen großartigen Transformationsprozeß bedeuten, der sanfte, liebevolle und starke Menschen hervorbringt, die sich gegenseitig dabei helfen, frei zu sein. Dies darf keine Utopie bleiben, denn das Aufblühen des neuen Menschen ist die einzige Hoffnung für die Zukunft. Was ist bezogen auf gesellschaftliche Verhältnisse darunter zu verstehen?

Osho (Bhagwan Shree Rajneesh) hat es aus seiner Perspektive des spirituellen Meisters heraus in seinem Buch *Der neue Mensch: die einzige Hoffnung für die Zukunft* so formuliert: »Der Mensch der Zukunft ist eine Deklaration des Absterbens des Alten und die Geburt eines ganz neuen, frischen Menschen, eines Menschen, der nicht mehr durch seine Konditionierung lebt, der sich auch nicht mehr einer einzigen Nation oder einer speziellen Religion zugehörig fühlt. Der Mensch des Wassermannzeitalters lebt jenseits von alten Diskriminierungen, die Frauen oder Männer, die Zugehörigkeit zu einer Rasse oder einer Nation des Ostens oder Westens, des Nordens oder Südens betreffen. Der neue Mensch dieser Welt ist Mensch auf dieser Erde, egal wo er lebt und egal welche Hautfarbe er hat. Wir können Göttlichkeit kreieren – es liegt in unseren Händen.«

Kampfkunst

Die höchste Form der Selbstverteidigung besteht darin, gar nicht zu kämpfen, lehrte Bruce Lee. Gerade in der jungen Generation ist ein zunehmendes Interesse an Kampf- beziehungsweise Selbstverteidigungstechniken zu beachten. Uns erscheint es allerdings so, daß es den meisten dieser Neueinsteiger weniger darum geht, die inneren Kräfte und Einsichten über den Weg der Meisterung des Körpers zu schulen, sondern darum, der zunehmenden Brutalisierung auf unseren Straßen und Schulhöfen nicht völlig hilflos ausgeliefert zu sein, sondern auch selbst austeilen zu können. Das ist für uns gut nachvollziehbar, bedeutet es doch auch, das eigene Selbstwertgefühl zu steigern.

Werden diese Kampfkünste jedoch gelehrt, ohne gleichzeitig auch die charakterliche Reife zu fördern, sehen wir hier eine nicht unerhebliche Gefahr für uns alle. Schläger gab es schon immer, aber jemand, der in einer der zum Teil außerordentlich effektiven Kampfarten ausgebildet ist, wird, wenn er diese Kenntnisse ohne Rücksicht und Nächstenliebe einsetzt, zu einer ernsthaften Gefahr für seine Mitmenschen. Gerade auch in Verbindung mit Alkohol kann so aus einer »harmlosen« Prügelei schnell ein tödlicher Streit werden.

Wir appellieren hier an die Verantwortung aller Ausbilder, nicht nur die Techniken zu vermitteln, sondern vielmehr auch die Ethik der Kampfkunst. So ist zum Beispiel die Angemessenheit der Reaktion ein wichtiges Lernziel. Und immer wieder sollte darauf hingewiesen werden, möglichst alle Situationen zu meiden, in denen Streit entstehen und eskalieren kann.

Was hat das alles mit Reiki zu tun? Reiki, meditativ praktiziert, ist ein Weg, der zu Selbstbesinnung und Reflexion führt, der Qualitäten des Mitgefühls fördert; es ist ein Weg, der aufgestaute Aggressionen und angesammelte Frustrationen ins Bewußtsein hebt und hilft, diese auf andere Weise aufzulösen als dadurch, jemanden zu verprügeln. Mit Hilfe von Reiki ist es zudem möglich, entspannter ins Training zu gehen. Ohne Zweifel fördert das die Lernfähigkeit, denn es geht auch darum, eingefahrene Körperbewegungen loszulassen und neue, effektivere zu lernen.

Die so erstaunlich ausgefeilten asiatischen Kampfkünste beruhen auf dem Prinzip der Energiezentrierung im Hara. Die alles treibende Energiequelle ist das Chi – die Lebensenergie. In Kampfkünsten wie Aikido wird sie explizit genannt und in speziellen Übungen gefördert; in anderen Kampfkünsten wird diese Energie verwendet, ohne daß sie besonders betont wird. Der Fluß entsteht dort allein durch die Art der Übung. Allen ist jedoch gemeinsam, daß immer die im Hara (chinesisch: *Tan Tien*) zentrierte Energie genutzt wird.

Die Reiki-Kraft hingegen ist eine Energie des Herzens. Wo ist hier also die Brücke zu sehen? Reiki, als Meditation erlebt, schafft inneren Raum für das Nichthandeln, für die absichtslose Aktion. Genau darum geht es letztlich auch in den Kampfkünsten. Ein guter Kämpfer ist jemand, der in der Lage ist, vollkommen aus dem Augenblick heraus zu handeln. Unser Geist ist aber so konstruiert, daß er sich immer an etwas festhalten will – am Bein des Gegners, das gerade zum »Low-Kick« ausholt, am Arm, der gerade auf einen zuschnellt. Wer sich gedanklich mit diesen Vorgängen beschäftigt, geistig innehält, daran verhaftet bleibt, ist nicht in der Lage, aus dem Augenblick heraus zu agieren. Er kommt sozusagen immer etwas zu spät, was dem Gegner die Chance gibt, vernichtend zuzuschlagen. Er denkt noch an das Bein, während der Arm schon ausholt. Erst die Haltung der inneren Leere, des Nichtverhaftetseins, befähigt dazu, absichtslos zu agieren – und zu siegen. Hat ein Kämpfer diese innere Leere verwirklicht, geht es ihm nicht mehr darum, zu gewinnen oder zu verlieren. Er ist einfach präsent, handelt, ohne zu handeln. Um hier aber keine Mißverständnisse aufkommen zu lassen: Das alles setzt voraus, daß die in der jeweiligen Kampfkunst auszuführenden Bewegungen lange und mit sehr großem Einsatz geübt wurden, bis sie so verinnerlicht wurden, daß die Ausführung der Bewegungen keines bewußten Impulses und keiner bewußten Steuerung mehr bedarf.

Gerhard Walter, einer der erfolgreichsten deutschen Aikido-Lehrer, schrieb 1992 in der Zeitschrift *Connection:* »Einfach bewegen ist nicht einfach, solange die Grundlage nicht Einfachheit ist, sondern Zweifel. Wer Aikido oder eine andere Kampfsportart mit einem absoluten Anspruch übt, der muß sich darüber klar sein, daß Meditation dazugehört. Was ich im Aikido natürliche Bewegung nenne, nennt man im Zen Alltagsgeist.«

Eine weitere wichtige Eigenschaft des Siegreichen ist die Anstrengungslosigkeit. Das meint nun nicht, daß Kämpfen nicht schweißtreibend sein würde, sondern daß der Kämpfer so entspannt ist, daß die von ihm geübten Bewegungsabläufe spontan passieren. Diese Entspannung führt auch dazu, daß dem durchfließenden Chi kein Widerstand im Körper des Kämpfers entgegensteht, so daß seine freiwerdende Kraft ungehindert auf den Gegner trifft.

Im Gegensatz zu den Asiaten, die wohl so etwas wie ein angeborenes inneres Verhältnis für Leere, Stille, Energie,

Hara mitbringen, tun sich die Menschen des westlichen Kulturkreises meist recht schwer mit diesen Dingen, weshalb auch die wunderbaren traditionellen fernöstlichen Wege bei uns leider vielfach zum reinen Sport abgeflacht sind (bei aller Wertschätzung des Sportes an sich). Unsere Anregung für alle diejenigen, die sich in den asiatischen Kampfkünsten üben, ist deshalb folgende:

Wenn nach dem Training der Geist klarer und wacher ist als sonst, wenn durch die intensive Bewegung die Körperenergien leichter fließen als zum Beispiel tagsüber im Büro, dann ist der ideale Moment für eine tiefe Entspannung gekommen. Gerade nach intensiver körperlicher Anstrengung wird eine Reiki-Ganzbehandlung als besonders wohltuend und entspannend empfunden, zumal auch das vorherige Training die Hand-Chakras auf effektive Weise geöffnet hat. Sich nach der Arbeit mit der körpereigenen Hara-Energie nun Reiki, der Universellen Lebenskraft, zu öffnen und sich von ihr durchfluten zu lassen, rundet den Trainingstag ab. Das gilt vor allem auch deshalb, weil sich die Kampferlebnisse in dieser entspannten, meditativen Stimmung viel eher integrieren. Und wer kennt die Situation nicht, daß wir intuitiv die Hand auf das im Training überstrapazierte Knie legen?

Alle trainierten Fähigkeiten gehen durch »diese andere Energie« weder verloren, noch werden sie durch die Reiki-Kraft in eine der Kampfkunst nicht mehr dienlichen Weise ins unangemessen Sanfte umgebogen, wie vielleicht mancher befürchtet. So kann das Fließen der Reiki-Kraft zusätzlich zur Ausübung einer Kampfsportart die Lücke schließen zwischen der zunächst rein körperlich-dynamischen Bewegung und dem »Ziel« aller Kampfkunst: der Leere.

Wir hoffen, mit diesen knappen Ausführungen das Vorurteil abbauen zu können, daß Reiki nur etwas für verzärtelte

New-Age-Jünger wäre. Wir betonen, daß Reiki neben der Förderung der Begabung für die asiatischen Kampfkünste den meditativen Zugang zur Kampfkunst als Weg, besonders für uns westlich geprägte Menschen, erschließen kann. Darüber hinaus haben wir die Erfahrung gemacht, daß es für diejenigen, die sich bisher neben der Reiki-Praxis ausschließlich den sanften Körpertherapien widmen, durchaus hilfreich ist, sich einmal im Rahmen des Trainings einer Kampfkunst den bisher verborgenen Anteilen der eigenen rohen inneren Dynamik zu stellen.

Wir würden uns freuen, wenn Kampfsport noch mehr von dem Image des Männlich-Aggressiven verlieren würde zugunsten seiner ursprünglichen Tiefe und wenn verstärkt die alten Erleuchtungswege des Schwertes dem modernen westlichen Menschen bei ganzheitlicher Bewußtseinserweiterung helfen. Daß Reiki auch in dieser Verbindung äußerst wirkungsvoll ist, bestätigen uns einige Reiki-Freunde, die sowohl als Reiki-Lehrer als auch als Trainer im Bereich der Kampfkünste tätig sind.

Die Leere ist der Weg, und der Weg ist die Leere. Endpunkt und Anfang sind gleich, und die große Tugend ist die Einfachheit. Diese Zen-Weisheit wurde auch von dem erleuchteten Schwertkämpfer Miyamoto Musashi (1584–1645) vertreten. Er empfahl in seinem Epilog zum *Buch der Erde* (einer Schrift aus *Das Buch der fünf Ringe*) den Schülern der Schwertkunst, die »Wege vieler Tätigkeiten und Berufe« zu studieren und sich mit allen Techniken und Künsten vertraut zu machen. Er selbst begann unter anderem zu schreiben und zu malen, nachdem er in der Kunst des Schwertes, die als Krone der Kampfkünste gilt, die absolute Unbesiegbarkeit erlangt und daraufhin jede Kampftätigkeit eingestellt hatte. Seine Kalligraphien, Zeichnungen und Gedichte gelten in Japan als Meisterwerke.

Bogen und Leier wurden auch im alten Griechenland als sich bedingende und befruchtende Komplementäre betrachtet. So erscheinen das Schwert und die Lotosblüte nur auf den allerersten Blick als zwei miteinander unvereinbare Gegensätze. In Wahrheit sind sie ebenfalls nur Abbilder der einen großen Leere.

In uns selbst tragen wir bereits das erleuchtete Potential. Vor dem Hintergrund dieser Erkenntnis kann Reiki uns darin unterstützen, die Sinnlosigkeit aller Ambitionen, aller Anstrengung und letztlich auch aller Suche zu begreifen. Die Kampfkunst möchte zur Leere führen. Reiki, richtig verstanden und praktiziert, führt uns zu dieser Leere von Anfang an. So ist Reiki auch eine Hilfe, vom Kampfsport zur Kampf*kunst*, zum Weg, zu gelangen.

Huna

Reiki ist *eine* der Erscheinungsformen der Lebensenergie. Reiki stellt vielleicht die höchste Schwingungsfrequenz dar, die uns Menschen direkt zugänglich ist. Obwohl das Wissen um die Universelle Lebensenergie sehr alt sein muß, ist fast alles, was wir heute über die Reiki-Kraft wissen, erst im Laufe des 20. Jahrhunderts entdeckt worden. Die Art und Weise der Anwendung und die Techniken, die in den Seminaren gelehrt werden, sind in dieser Zeit aus den Erfahrungen vieler Menschen zusammengetragen worden, die mit Reiki in Berührung kamen.

Das Prinzip, mit Lebensenergie zu heilen und Entwicklungen zu fördern, läßt sich in der Menschheitsgeschichte weit zurückverfolgen. Ausgehend von der Überlieferung, die sich um die Einweihung von Dr. Usui rankt, vermuten wir, daß die Universelle Lebensenergie in einem Zweig des tibetischen Buddhismus bekannt war und dort auch eine Zeitlang gelehrt wurde; und wir vermuten, daß die Linie der Übertragung der Reiki-Fähigkeiten irgendwann in der Vergangenheit abbrach, vielleicht, weil sich keine geeigneten Schüler mehr fanden, vielleicht auch, weil sich der Buddhismus mehr seelisch-spirituellen Inhalten zuwandte.

Die Eingebung des Dr. Usui war, in diesem Licht betrachtet, eine Wiederentdeckung, eine Wiederbelebung der einstmals unterbrochenen Linie des Wissens um die Weitergabe und die Wirkungen der Universellen Lebensenergie.

Viele Erkenntnisse sind seitdem aus den Bereichen der Medizin, der Psychologie und aus verschiedenen Lehren eingeflossen, so daß wir heute Reiki in vielfältigen Zusammenhängen anwenden und nutzen können. Und dieses Wissen erweitert sich ständig, nicht zuletzt auch durch die intuitiven Erkenntnisse und Einsichten vieler Menschen, die Reiki praktizieren.

Eine besonders gute Quelle der Inspiration für den Reiki-Praktizierenden ist unserer Erfahrung nach die Huna-Lehre. Besonders hilfreich ist gerade diese wohl älteste überlieferte »Philosophie« der Menschheit, weil sie auffällig viele Parallelen zum Reiki aufweist. Die Beschäftigung mit der Huna-Philosophie bedeutet für die Reiki-Praxis eine unschätzbare Quelle an Ideen und Inspirationen.

Die Ideen und Einsichten, die im Huna über das »Wesen Mensch« gebildet wurden, können vor allem für den 2. Reiki-Grad wertvolle Hinweise geben. Auch die Fähigkeit, ja die Notwendigkeit, von den Ergebnissen des eigenen Tuns loszulassen und zu lernen, auf etwas zu vertrauen, das weiser ist als unsere persönlichen Hoffnungen und Erwartungen, wird im Huna ganz ähnlich wie im 3. Grad des Reiki-Systems zum Ausdruck gebracht. Darüber hinaus ist Huna, wie Reiki, keine Religion, kein dogmatisches Gebäude, sondern ein offenes System, das sich nur daran orientiert, ob etwas funktioniert, und das von seinen Anwendern nicht mehr verlangt als vorurteilsfreies Ausprobieren.

Genau wie die Reiki-Lehre kennt Huna keine Kontaktängste, wie Serge King in seinem Buch *Begegnung mit dem verborgenen Ich* schreibt: »Ein Mensch kann Huna-Katholik, Huna-Protestant, Huna-Wissenschaftler, Huna-Psychologe oder sonst etwas sein, solange er Huna in seinem eigenen System anerkennt und praktiziert. Auf der anderen Seite ist es ebensogut möglich, einfach Huna zu praktizieren, ohne religiösen Hintergrund ... Im Huna wird respektiert, daß zu jedem Ziel eine Vielzahl von Wegen führen, gleich, ob das Ziel spirituell, geistig oder materiell ist. Abgesehen davon, daß es eine grundlegende Arbeitshypothese ist, kommt es im Huna lediglich auf die Effektivität an ...« Die Verbindung des Huna mit einer so effektiven Technik wie Reiki kann die Möglichkeiten, die uns das Usui-System der Universellen Lebensenergie schenkt, um eine ganz besondere Dimension erweitern.

Der folgende Überblick über die Huna-Philosophie soll unseren Lesern und Leserinnen dabei helfen, ganz persönlich entscheiden zu können, ob sich – über Reiki hinausgehend – eine Beschäftigung mit diesem Thema für sie lohnen könnte. Für eine umfassendere, vertiefende Betrachtungsweise ist hier leider nicht genügend Raum. Gleichwohl wollen wir versuchen, wenigstens einen grundlegenden Einblick zu vermitteln. Dabei werden wir die möglichen Verbindungen zwischen Huna und Reiki nur andeuten. Wer sich von der Huna-Lehre angezogen fühlt, wird selbst kreativ werden und, getragen von Erlebnissen mit der Universellen Lebensenergie, einen ganz persönlichen Zugang finden.

Geschichte und Hintergründe

Es gibt Legenden, die Huna auf den vor vielen Jahrtausenden versunkenen Kontinent Mu und das späte Atlantis zurückführen. Etwa tausend Jahre vor Christi Geburt soll eine Gruppe »Eingeweihter« eine Sprache entwickelt haben, um mit deren Hilfe das Wissen des Huna über Generationen hinweg weiterzugeben. Diese Sprache war die Wurzel für eine andere Sprache, die offen verwendet werden konnte: die hawaiianische Sprache, die Sprache der Kahunas. Kahuna bedeutet: »Hüter des Geheimnisses.« Spuren dieser

Sprache sind auf der ganzen Welt zu finden, was darauf hinweist, daß das Wissen des Huna tatsächlich weltweit verbreitet ist, wenn auch in verschlüsselter Form.

Wie Reiki wurde auch Huna erst in diesem Jahrhundert für die westliche Welt wiederentdeckt. Der amerikanische Lehrer Max F. Long fand heraus, daß in der ursprünglichen Wortbedeutung der hawaiianischen Sprache der Schlüssel zu einer wissenschaftlich-psychologisch-spirituellen Lehre verborgen liegt, einer Lehre, nach der die Kahunas Wunderheilungen und andere mit unserem westlichen Verstand nicht zu erklärende Vorgänge bewirken. Er nannte diese Lehre oder System Huna – »das Geheimnis«.

Das Besondere an dieser Lehre ist die Tatsache, daß jeder, der bereit ist, die Erkenntnisse des Huna zumindest als Arbeitshypothese zu akzeptieren – und das heißt nur, sich zunächst einmal vorurteilsfrei darauf einzulassen und sie auszuprobieren –, mit diesem System greifbare Resultate hervorbringen kann, die andere Menschen in den Bereich der Magie oder – moderner formuliert – in den Bereich der Parapsychologie verweisen würden.

Wie im Reiki haben auch die Kahunas zum Beispiel durch Auflegen der Hände geheilt. Wie im Reiki kommt Ritualen (siehe dazu *Das Herz des Reiki*) eine besondere Bedeutung zu. Wie im Reiki nutzen die Kahunas nichtmaterielle oder vormaterielle Energie: die Lebensenergie Mana. Und wie im Reiki ist die Liebe die einzige Ethik, die man braucht.

Das Huna-System

Eine der vielen Möglichkeiten, wie ein Kahuna den Menschen beschreiben kann, liefern die sieben Elemente. Diese Form der Definition dient allein praktischen Gesichtspunkten und bedeutet nicht, daß ein Mensch wirklich »so« ist. Allerdings können wir anhand gerade dieses Orientierungsrahmens verblüffende Erkenntnisse über den Menschen gewinnen. Außerdem zeigt uns diese Blickweise, wie wir auf uns und unser Schicksal in einer Weise Einfluß nehmen können, die weit über alle »technischen« Möglichkeiten hinausreicht. Auch die Art, wie das Reiki-System durch die Huna-Lehre befruchtet werden kann, wird auf diese Weise deutlich.

Die **Form der sieben Elemente** betrachtet den Menschen als eine Ganzheit, die mit den folgenden sieben Begriffen beschrieben wird:

- **Iho** (Seele),
- **Ku** oder **Unihipili** (Niederes Selbst, Unterbewußtsein, inneres Kind),
- **Uhane** oder **Lono** (Mittleres Selbst, Bewußtsein),
- **Aumakua** (Höheres Selbst, Überbewußtsein),
- **Aka-Körper**,
- **Mana**,
- **Kino** (physischer Körper).

Durch eine Übersetzung der ursprünglichen Huna-Bezeichnungen werden Assoziationen und Nebenbedeutungen hervorgerufen, die nicht unbedingt dem entsprechen, was mit dem Wort gemeint ist. Wenn wir im folgenden auch die »eingedeutschten« Begriffe benutzen, damit Zusammenhänge leichter nachzuvollziehen sind, bitten wir unsere Leser, dies im Bewußtsein zu behalten.

Iho – die Seele

Die Seele ist etwas, was wir mit unserem Verstand nicht begreifen können. Deshalb machen die Kahunas über sie auch nur sehr wenige Aussagen. Iho, die Seele, hat nur eine einzige Aufgabe: Zeuge zu sein. Sie ist das Bewußtsein unseres Bewußtseins, die Essenz unseres Seins. Iho ist der unveränderliche, ewige Teil unseres Seins; vielleicht der Teil, der das Ganze ist.

Iho ist. Iho kann erfahren werden.

Von einer rein praktischen Ebene aus betrachtet, hat Iho keine Funktion, man kann »Iho« nichts beibringen, und Iho tut nichts. In bezug auf Iho fragen wir: »Wer bin ich?«

Um eine praktische Antwort auf die Frage: »Was kann ich tun?« zu bekommen, müssen wir uns den drei Selbsten des Menschen zuwenden.

Die drei Selbste des Menschen

Die drei Selbste des Menschen, Ku (Niederes Selbst), Uhane (Mittleres Selbst) und Aumakua (Höheres Selbst), werden in der Huna-Lehre als eigenständige, bewußte Geistwesen aufgefaßt, die in jeweils eigenen Aka-Körpern leben und sich sozusagen den physischen Körper des Menschen teilen. Diese drei Aspekte der Gesamtheit des menschlichen Wesens haben jeweils eigene spezifische Aufgaben und Fähigkeiten und sind miteinander auf eine ganz spezielle Weise verbunden.

Die drei Selbste sind nicht wirklich voneinander getrennt, nur ihre unterschiedliche Funktion läßt sie als eigenständige Elemente in Erscheinung treten.

»Des Menschen Streben muß es sein, seine drei Selbste verstehen zu lernen und in Erfahrung zu bringen, wie sie zu harmonischer Zusammenarbeit gebracht werden können«, fordert Max F. Long in einem seiner Bücher über Huna.

Ku – das Niedere Selbst

Ku ist der unbewußte Aspekt der menschlichen Psyche, das Unterbewußtsein, das innere Kind (auch der innere Mann, die innere Frau). Unbewußt meint hier, daß seine Existenz dem Menschen nicht direkt offenbar ist. Es meint nicht, daß es kein Bewußtsein seiner selbst hat. »Es ist gewissermaßen ein kleiner, in Entwicklung begriffener Gott«, erklärt Long in seinem Buch *Kahuna-Magie*. Die Kahunas sehen das Ku als eigenständiges Lebewesen an, dessen einzige Aufgabe es ist, zu wachsen und dem Menschen bedingungslos zu dienen. Um diese Aufgaben erfüllen zu können, hat es bestimmte Eigenschaften.

Seine Hauptfunktion ist das Gedächtnis. Ku, das Unterbewußtsein, speichert lückenlos alle Erlebnisse, Fakten und die zugehörigen Gefühle und Emotionen. Die Gedächtnisinhalte werden *nicht* im Gehirn, sondern auf einer energetischen Ebene aufgezeichnet. Sie sind stets mit anderen Gedächtnisinhalten verknüpft. Je intensiver die ursprüngliche Wahrnehmung war und je mehr Assoziationen gebildet wurden, desto leichter sind die Informationen später dem Bewußtsein (Mittleres Selbst) zugänglich.

Ku ist die Quelle aller Emotionen und Gefühle. Emotionen und Gefühle sind Bewegungen von »Bioenergie«, die unter anderem von Muskelspannungen und Gedankenmustern begleitet werden. Die angelernten oder angeborenen primären Reaktionsmuster sind Angst, Wut, Freude, Handeln sowie Kombinationen dieser Primärenergie-Reaktionsmuster. Diese Muster (Emotionen und Gefühle) werden unter anderem in Form von Muskelverspannungen gespeichert, wenn sie nicht ausgelebt werden können. Umweltreize oder Gedanken rufen unterbewußt Assoziationen hervor, die so lange die gleichen Reaktionsmuster aktivieren, bis die Erinnerungsmuster durch einen bewußten oder über-bewußten Eingriff verändert werden.

Ku ist die Quelle aller geistigen und körperlichen An-gewohnheiten und allen Verhaltens. Die meisten unse-rer Angewohnheiten sind unbewußt in dem Sinne, daß das Bewußtsein nicht darauf achtet, was das Unterbewußtsein tut. Die *einzige* Möglichkeit, eine Angewohnheit zu verän-dern, besteht darin, sie durch eine neue, aus der Sicht des Unterbewußtseins effektivere zu ersetzen. Dies erfordert die Mitarbeit des Bewußtseins oder des Überbewußtseins. Es ist nicht möglich, Angewohnheiten einfach ersatzlos aufzu-geben. Gewohnheiten ändern sich von allein nur dann, wenn sie aus der Sicht des Unterbewußtseins keinen Sinn mehr ergeben.

Ku kontrolliert den physischen Körper, wobei es sich diese Kontrolle in manchen Bereichen mit dem Bewußtsein teilt. Alle Regelsysteme des Körpers unterliegen der direk-ten Kontrolle des Ku. Das entsprechende Wissen entstammt vorwiegend aus Informationen, die in unseren Zellen gespei-chert sind (zum Beispiel in der DNS). Darüber hinaus beein-flußt unsere Aufmerksamkeit dieses Steuerungssystem, so daß das Funktionieren unseres Körpers auch stark von un-serem Denken und Fühlen abhängt.

Ku ist der Filter, durch den das Bewußtsein Erleb-nisse wahrnimmt und auf sie reagiert. Das, was wir über unsere »fünf Sinne« und über andere Arten der bewuß-ten sinnlichen Wahrnehmung von unserer Umwelt aufneh-men, erreicht zunächst das Unterbewußtsein. Über unser Nervensystem leitet das Ku diese Wahrnehmungen gefiltert –

das heißt verstärkt, abgeschwächt oder verfremdet – an unser Bewußtsein weiter oder blendet sie sogar ganz aus. Wie diese Filter beschaffen sind, hängt unter anderem davon ab, welche inneren Überzeugungen, (Vor-) Urteile, Gedankenkomplexe und erworbenen Verhaltensweisen in unserem Unterbewußtsein vorhanden sind. Was wir durch unsere Sinne »bewußt« wahrnehmen, ist immer nur ein kleiner Teil dessen, was wir Wirklichkeit nennen. Der weitaus größere Teil aller Wahrnehmungen erreicht unser Bewußtsein normalerweise nicht.

Ku ist der Sender und Empfänger aller übersinnlichen Phänomene. Huna versteht übersinnliche Phänomene als eine natürliche Erweiterung unserer normalen Sinne, die an sich jedem Menschen verfügbar sind. Es liegt an unseren inneren Überzeugungen, wenn Übersinnliches normalerweise ausgeblendet wird. Unser Ku, das alle Arten der Wahrnehmung auswertet und filtert, hat die kulturimmanente Überzeugung übernommen, daß Übersinnliches nicht möglich oder nicht gut ist (die Tradition der Hexenverfolgung ist daran sicher nicht unschuldig), und handelt dementsprechend. Das bedeutet andererseits auch, daß ein Mensch, der sein Ku, sein Unterbewußtsein, von der Richtigkeit und Sinnhaftigkeit solcher Vorgänge überzeugen kann, mit etwas Übung übersinnliche Phänomene wahrzunehmen und zu erzeugen vermag. Wer eine Reiki-Einweihung erhalten hat, wird erfahren haben, daß es Bereiche jenseits unserer »normalen Alltagswelt« gibt, die jedem Menschen zugänglich sind.

Das Unterbewußtsein denkt vollkommen logisch. Ganz im Gegensatz zur weitverbreiteten Ansicht, daß das Unterbewußtsein irrational sei, geht man im Huna davon aus, daß das Unterbewußtsein (Ku) vollkommen logisch handelt. Es zieht aus einer gegebenen Voraussetzung oder Erfahrung seine Schlüsse und leitet daraus Überzeugungen ab. Unser Ku handelt ausschließlich aufgrund von Annahmen über die Realität, die wir irgendwann in unserem Leben als wahr akzeptiert haben. Solange diese Überzeugungen nicht verändert werden, reagiert das Unterbewußtsein in jeder ähnlichen Situation mit einer entsprechenden Verhaltensweise. Wenn das Unterbewußtsein zum Beispiel aus irgendwelchen Gründen die Überzeugung gebildet hat, daß Sex etwas Schlechtes ist, wird es jede sexuelle Handlung stören, bis diese Überzeugung, dieses Muster oder Programm, durch ein anderes ersetzt worden ist. Dies ist auch dann so, wenn das Bewußtsein etwas ganz anderes will. Solange das Ku (Niederes Selbst) keine neuen, effektiveren Muster gebildet hat, bleibt alles beim alten. Zum Beispiel nutzt die Technik der Neurolinguistischen Programmierung (NLP) diese Zusammenhänge mit großem Erfolg, um Einstellungen und Verhaltensweisen zu verändern.

Das Ku kommuniziert mit dem Bewußtsein durch Bilder, Träume, Gefühle oder körperliche Reaktionen, zum Beispiel über Veränderung des Atems. Wer die Atemarbeit von Ilse Middendorf kennt, wird erlebt haben, wie direkt der Atemfluß mit dem Unterbewußtsein verbunden ist und wie durch die Erfahrung des Atems unbewußte Gedächtnisinhalte bewußt werden können. Pendeln oder Rutengehen sind bekannte Techniken, um mit dem Unterbewußtsein zu kommunizieren und von ihm Aussagen zu erhalten.

Ku hat das Bedürfnis nach Wachstum. Wachstum wird im Huna als die Erweiterung von Bewußtsein, Fertigkeiten und persönlichem Lebensglück verstanden. Das bezieht sich auf alle Formen des Bewußtseins – vom Atom bis zur Galaxis –, sei es tierisch, pflanzlich, mineralisch oder eben menschlich. Dieses Bedürfnis nach Wachstum ist beim Menschen im Ku lokalisiert. So sichert das Bedürfnis nach Wachstum unser Überleben. Die zunehmende Anzahl von Reiki-Einweihungen in den letzten Jahrzehnten ist zum Beispiel ein Ausdruck dieses Wachstumsbedürfnisses.

Das Unterbewußtsein richtet sich nach Befehlen. Das Ku arbeitet aus seiner Sicht niemals unseren Interessen entgegen. Immer, wenn wir glauben, daß es sich gegen uns richtet (»Ich werde immer rot, wenn ich sie ansprechen will ...«), handelt es nach alten Befehlen, die wir ihm entweder selbst gegeben oder denen wir erlaubt haben, wirksam zu werden. Das Unterbewußtsein kann beeinflußt werden, auch ohne daß unser Bewußtsein etwas davon mitbekommt, zum Beispiel im Schlaf, unter Hypnose, durch Subliminaltechniken, durch Manipulation (Werbung!), durch Schock. Es *muß* sich nach diesen Befehlen richten, weil es nicht anders kann. Das bedeutet auf der anderen Seite, daß unser Unterbewußtsein uns zuverlässig dient, wenn wir imstande sind, ihm die richtigen Befehle zu geben. »Richtig« meint, daß es unserem Wachstum dienen und zu dem passen muß, was unser Ku für möglich und für gut hält. Reiki-Techniken des 2. Grades, die direkt mit dem Unterbewußtsein arbeiten, wie die Deprogrammierung und die Mentalheilung, können in diesem Zusammenhang eine wundervolle Hilfe sein. Wir sollten allerdings nie vergessen, daß unser Verstand immer nur einen sehr begrenzten Ausschnitt der Realität erfaßt und ganz bestimmt nicht immer weiß, was für uns gut ist. Wir sollten deshalb nicht versuchen, vorhandene Muster durch neue zu ersetzen, sondern besser mit der Technik der Deprogrammierung alte Befehle nach und nach auflösen. Dabei können wir getrost davon ausgehen, daß die Universelle Lebensenergie im ganzheitlichen Sinne positiv wirkt, auch wenn wir nicht unbedingt wissen, welche unserer Muster oder unbewußten Befehle für unser inneres und äußeres Wachstum, für unser Lebensglück richtig sind.

Ku sammelt und verteilt die Lebensenergie Mana. Das Unterbewußtsein ist nicht die Quelle unserer Lebenskraft – das ist nach Ansicht der Kahunas die Funktion des Höheren Selbst. Unser Unterbewußtsein bestimmt jedoch durch seine Angewohnheiten, wieviel Kraft oder Energie wir zu einem gegebenen Zeitpunkt zur Verfügung haben. Schuldgefühle mindern zum Beispiel die Lebenskraft. Im Huna-System wird diese Kraft oder Energie Mana genannt. Während unsere potentielle Energie unbegrenzt ist – Universelle Lebensenergie ist unbegrenzt –, wird unsere tatsächliche Energie durch unsere unbewußten Überzeugungen und Gewohnheiten eingeschränkt. Aus diesem Kontext heraus erklärt sich auch unsere Beobachtung, daß durch eine Reiki-Einweihung Schuldgefühle auf einer sehr tiefen überpersönlichen Ebene aufgelöst werden, die uns von einem direkten Kontakt mit der Universellen Lebensenergie abhalten.

Uhane – das Mittlere Selbst
Das Mittlere Selbst umschreibt das, was wir als unser Wachbewußtsein kennen, unseren sogenannten Verstand, unseren Wahrnehmungs- und Denkapparat. Es ist das, womit sich die meisten Menschen identifizieren.

»Aufgabe des Mittleren Selbstes ist es, das niedere Selbst zu belehren und zu führen ...«, formuliert Max F. Long. Aber was unterscheidet unser Bewußtsein, unser Mittleres Selbst, von Ku, unserem Unterbewußtsein? Schließlich denkt unser Ku logisch, kann aktiv nachdenken, verfügt über ein umfassendes Gedächtnis und hat ein Bewußtsein seiner selbst.

Das Mittlere Selbst besitzt nur sehr eingeschränkte Gedächtnisfunktionen, nämlich nur ein Kurzzeitgedächtnis. Alle komplexeren Gedächtnisinhalte werden dem Bewußtsein durch das Ku zur Verfügung gestellt.

Das Bewußtsein ist die Fähigkeit zu direktem Gewahrsein und Aufmerksamkeit. Im Huna ist das Hauptkennzeichen von Uhana der *Wille,* und seine *einzige* wirkliche Fähigkeit ist es, *Gewahrsein und Aufmerksamkeit dem Denken und der Erfahrung entsprechend auszurichten.* Willenskraft bedeutet nichts anderes, als das Denken und Fühlen immer wieder auszurichten, nicht aber, sich mit Gewalt zu etwas zu zwingen.

In jedem Moment bewußter Aufmerksamkeit – und nur dann – haben wir die Freiheit, uns zu entscheiden, was wir fühlen, denken und tun wollen. In *allen* anderen Fällen reagiert unser Ku mit Hilfe von gut eingeübten Gewohnheitsmustern, während unser Bewußtsein seine Aufmerksamkeit auf anderes konzentriert.

Bereits der 1. Reiki-Grad bietet immer wieder Gelegenheit, Gewahrsein (das Wahrnehmen dessen, was ist) und Aufmerksamkeit (das Fokussieren der Wahrnehmung auf einen Ausschnitt dessen, was wir wahrnehmen) zu üben und beides allmählich zu einem Bestandteil unseres Lebens werden zu lassen. Schon das Gewahrwerden des Moments, wenn unsere Hände wie von allein von einer Grundposition in die nächste überwechseln, ohne daß hierfür ein bewußter Willensimpuls notwendig ist, läßt uns auf einfache Weise erleben, was hier gemeint ist. So verstanden kann Reiki bereits im 1. Grad ein Zugang zur Meditation, zum Gewahrsein des Gewahrseins, werden. Dieser Bereich der Absichtslosigkeit wird uns im Kapitel über Meditation noch näher beschäftigen.

Der Weg dahin führt zunächst über unseren Willen, das Hauptattribut des Bewußtseins im Huna. Ganz im Sinne des eben Gesagten meint Wille hier aber *nicht* Willens*kraft* oder gar Anstrengung und Gewalt, sondern die Fähigkeit, unsere Aufmerksamkeit beständig in eine bestimmte Richtung zu lenken. »Entschlossenheit, ein unerschütterlicher Wille, ist tatsächlich nichts anderes als die ständige bewußte Lenkung der Aufmerksamkeit auf ein bestimmtes Ziel zu einem bestimmten Zweck«, erläutert Serge King in seinem Buch *Begegnung mit dem verborgenen Ich*. Wille bedeutet in der Huna-Lehre, einmal getroffene Entscheidungen beständig zu erneuern, indem wir unsere Aufmerksamkeit immer wieder auf sie ausrichten, aber nicht mit Gewalt, sondern anstrengungslos. Die eigentliche »Arbeit«, die Veränderung, wird dann von unserem Unterbewußtsein, unserem Ku, bewirkt.

Die Aufmerksamkeit ist das Werkzeug des Gewahrseins. Gewahrsein wächst durch Meditation, durch Aufmerksamkeit in entspannter Konzentration. Wenn wir im 2. Reiki-Grad mit Symbolen arbeiten oder gar Fernheilungen durchführen, ist dies auch eine stete Übung, unser Bewußtsein klar ausgerichtet zu halten.

Ein weiteres wichtiges Kennzeichen des Bewußtseins im Rahmen der Huna-Lehre ist sein Drang nach Werterfüllung. Während unserem Ku der Drang nach Wachstum innewohnt, muß sich Uhana den *persönlichen Sinn unseres Lebens durch eine bewußte Entscheidung selbst erschaffen*. Die Kahunas lehren, daß es so etwas wie einen Sinn des Lebens von Geburt an nicht gibt!

Wir müssen uns also entscheiden, ob wir Angestellter auf dem Finanzamt, Unternehmerin, Familienvater, Ärztin, Grundstücksmakler, Heiler oder alles gleichzeitig werden wollen. Einen Sinn, warum wir nun gerade dieses und nicht jenes machen, ist auf dieser Ebene nicht zu finden. Allein unsere Entscheidung für oder wider etwas *erschafft* diesen

Sinn. Auch Reiki liegt so betrachtet kein »Sinn« inne, denn Reiki ist nur eine Methode, die uns dabei hilft, eine Entscheidung (zum Beispiel persönliches Wachstum) zu verwirklichen.

Alle diejenigen, die auf der Suche nach dem Sinn ihres Lebens sind und jetzt enttäuscht oder wütend dieses Buch beiseite legen wollen, sollten sich gerade an dieser Stelle intensiver mit der Huna-Lehre befassen. Denn auch wenn die Kahunas lehren, daß es auf der Ebene des Uhana, des Bewußtseins, also auf der Ebene der Logik und des Verstandes, keinen Sinn des Lebens gibt außer dem, den wir ihm selbst durch eine Entscheidung geben, lehren sie auch, daß es sehr wohl einen Sinn gibt, der unserem Leben ganz allgemein zugrunde liegt. Dieser Sinn wird jedoch dem Verantwortungsbereich des Höheren Selbst zugeordnet, des dritten Teils der »Dreieinigkeit« des Menschen, und er ist als solcher mit dem Verstand nicht faßbar. Und dieser Sinn wird immer erfüllt, ganz gleich, was wir tun!

Es ist eines der großen Geschenke der Reiki-Kraft, der Kraft der Liebe, daß sie mithilft, unser bewußtes Sein auch mit diesem »Teil« von uns, unserem Höheren Selbst, auf eine immer liebevollere und innigere Weise zu verbinden. Mehr darüber im Kapitel über Meditation.

Aumakua – das Höhere Selbst

Das Höhere Selbst ist, wie die Kahunas glauben, die dritte und höchste Bewußtseinsform im Menschen. Sie begreifen den Menschen als die »Dreieinigkeit« oder »Dreifaltigkeit« des Niederen, Mittleren und Hohen beziehungsweise Höheren Selbst. Wie die beiden anderen Selbste ist auch das Höhere Selbst ein eigenständiges Geistwesen, das in einem eigenen Körper aus Aka-Substanz lebt und mit dem Niederen Selbst durch eine Aka-Schnur verbunden ist.

Die Kahunas lehrten, daß das Mittlere Selbst niemals das Wesen, die Natur eines Höheren Selbst begreifen kann. Ebenso wie es unmöglich ist, die »Istheit« der Seele zu erklären, ist es unserer Vernunft, unserem Bewußtsein nicht gegeben, das Höhere Selbst zu verstehen. Max F. Long schreibt dazu in seinem Buch *Kahuna-Magie:* »Wenn wir aber das zu unserem eigenen Ich gehörende, auf der allernächsten Evolutionsstufe stehende Hohe Selbst nicht einmal zu verstehen vermögen, so ist klar, daß unsere Möglichkeit, noch höhere Geistwesen oder den Allumfassenden Höchsten Gott zu verstehen, äußerst gering sein dürfte.«

Aber auch wenn wir das Wesen des Höheren Selbst mit unserem Verstand nicht erfassen können, ist es aus der Sicht der Kahunas sehr wohl möglich zu beschreiben, wie das Aumakua unser Leben beeinflußt, und wie der Mensch im Kontakt mit ihm – und letztlich in einer harmonischen Zusammenarbeit aller drei Selbste – wunderbare Taten vollbringen kann.

Das Wort »Aumakua« bedeutet so viel wie »äußerst vertrauenswürdiger, elterlicher Geist«. Das Höhere Selbst ist spirituell gesehen die Instanz, die den Sinn unseres Lebens »kennt« und dafür Sorge trägt, daß jeder Mensch in seinem Leben diesen Sinn erfüllt. Es begleitet das Niedere und Mittlere Selbst als liebevoller Führer durch das Leben, wobei es dem Niederen und Mittleren Selbst vollkommene Entscheidungsfreiheit läßt.

Das Höhere Selbst kann aus Aka-Substanz Umstände und Begebenheiten formen. Wenn ihm genügend Lebensenergie (Mana) zur Verfügung steht, um diese Formen anzufüllen, treten diese Umstände und Begebenheiten auf der materiellen Ebene in Erscheinung. Aus Kahuna-Sicht ist das Höhere Selbst der Schöpfer unserer Realität. Max F. Long erläutert, daß der Wirkung des Hohen Selbst keine

Grenzen gesetzt sind – abgesehen von denen, die aus der fehlerhaften »Arbeit« des Niederen und Mittleren Selbst herrühren.

Um auf unser Leben Einfluß zu nehmen, benötigt das Höhere Selbst Lebensenergie, die von den Kahunas Mana genannt wird.

Mana – die Lebensenergie

Niederes, Mittleres und Höheres Selbst leben, wie schon erwähnt, in eigenen Körpern aus Aka-Substanz, die sich und den physischen Körper zum Teil gegenseitig durchdringen und die mit »Schnüren« aus Aka-Substanz untereinander verbunden sind. Alle Selbste benötigen Mana, um leben und wirken zu können. Das Höhere Selbst ist die Quelle, aus der die Lebenskraft kommt. Das Niedere Selbst bestimmt zum Beispiel durch seine Angewohnheiten und Überzeugungen die Menge an Mana, die zu einem gegebenen Zeitpunkt zur Verfügung steht. Das Mittlere Selbst benutzt dabei Mana in Form von Willen oder Willenskraft, um das Niedere Selbst zu führen und zu lehren (oder sollte es zumindest tun).

Serge King beschreibt *Mana* als Energie, aus der alles Leben stammt, und potentielle Quelle von unglaublicher Kraft. Wenn wir diese Beschreibung mit dem vergleichen, was wir über die Universelle Lebensenergie Reiki gesagt haben, wird klar, daß Mana und Reiki in gewisser Weise identische Energieformen sind. Es würde an dieser Stelle zu weit führen, zu untersuchen, in welcher Weise andere Bezeichnungen für die Lebensenergie wie etwa Prana, Baraka, Chi, Orgon, Odem, Libido oder Mesmers »animalischer Magnetismus« genau dem entsprechen, was die Kahuna unter Mana verstehen. Die Vielzahl der Namen und Bezeichnungen und die Verschiedenheit der Kulturkreise, aus denen diese Namen stammen, zeigen aber ganz ohne Zweifel, daß wir es hier mit einer wirklichen Kraft zu tun haben, die – wie die Reiki-Kraft – für jeden, der ohne Vorurteile hinschaut und hinfühlt, erfahrbar und nutzbar ist.

Mana ist lebensspendende Energie, ist Lebenskraft. Wenn der Fluß des Mana durch den Körper stark und klar ist, sind wir auf der Höhe unserer körperlichen Gesundheit. Die Quelle des Mana ist das Höhere Selbst. Die *Menge an Mana,* über die ein Mensch tatsächlich verfügt, kann er zum Beispiel durch Nahrung, Atmung und Ausrichtung des Bewußtseins (Meditation) beeinflussen.

Die Qualität der *Nahrung* und die Aufmerksamkeit, die wir unserem Essen schenken, sind wohl am einfachsten zu beeinflussen. Wichtig ist auch die innere Einstellung gegenüber der Nahrung, die wir zu uns nehmen, und unsere innere Einstellung gegenüber der Nahrungsaufnahme überhaupt. Man kann es auch so formulieren: Je bewußter wir in bezug auf Nahrung sind, desto mehr Mana machen wir uns verfügbar. Die Anwendung von Reiki bietet eine wunderbare Möglichkeit, sowohl die Qualität unserer Nahrung zu erhöhen, als auch ganz von selbst mehr Bewußtsein auf unsere Nahrungsaufnahme zu lenken.

Der zweite, noch wichtigere Mana-Spender ist unsere *Atmung*. Hier wenden die Kahunas unter anderem die auch aus dem Yoga bekannte Vollatmung an: Ganz in den Bauch einatmen, dann in den Brustkorb bis in die oberen Lungenspitzen, dann von oben nach unten die Luft aus der Brust entweichen lassen und anschließend mit einem stoßweisen Einziehen der Bauchdecke den Rest der Luft ausstoßen. Die anschließende Atempause zulassen und warten, bis von innen her ein erneuter Impuls zum Einatmen kommt. Wer Geistheilungen durchführen will, wie sie auch mit dem 2. Reiki-Grad möglich sind, kann sich mit dieser Atemtechnik leicht auf ein höheres Energie- und Konzentrationsniveau bringen.

Der Fluß von Mana wird durch *innere Haltungen* und *Einstellungen* gefördert oder gebremst. Positive innere Einstellungen fördern den Energiefluß. Reiki-Behandlungen können, wie bereits ausgeführt wurde, unsere inneren Verspannungen lösen, darüber hinaus ist es mit dem 2. Reiki-Grad unter bestimmten Voraussetzungen möglich, unbewußte Blockaden direkt aufzulösen.

Eine *Mana-Hochaufladung* kann durch Visualisierung in Verbindung mit der Vollatmung und einem körperlichen Reiz erreicht werden. Während der Vollatmung stellen wir uns zum Beispiel vor, wie Lebensenergie in uns einströmt und uns wie einen Kelch anfüllt, bis dieser überläuft. Dabei ist es nur wichtig, daß diese Vorstellung von unserem Unterbewußtsein akzeptiert wird, sie muß nicht logisch oder vernünftig sein. Diese Vorstellung dient als Erkennungssymbol für unser Unterbewußtsein (Ku), das ja, wie schon beschrieben, Mana sammelt und verteilt. Körperliche Reize können weit ausholende Armbewegungen oder Springen auf der Stelle sein. Rituale wie zum Beispiel das Aufsuchen bestimmter Orte, das Betrachten eines Bildes oder das Halten einer Statue sind in besonderem Maße geeignet, das Niedere Selbst zu beeindrucken und zur Mithilfe bei der Hochaufladung mit Mana anzuregen. Wer Reiki-Kanal ist, kann sich hier auch der Symbole des 2. Reiki-Grades bedienen, um Universelle Lebensenergie in verstärktem Maße fließen zu lassen.

Die Kahunas unterscheiden drei Formen von Lebensenergie: Mana, die Körperenergie, die aus dem Niederen Selbst entsteht, Mana-Mana, die mentale Energie des Mittleren Selbst, die man auch als Willenskraft bezeichnen könnte, und Mana Loa, die spirituelle Energie. Mana Loa ist die höchste und wirkungsvollste Form der Lebensenergie, weil alles ihrem Einfluß unterliegt.

Der spirituelle Körper, der »Körper« des Höheren Selbst, ist die umfassendste und machtvollste Manifestation der Lebensenergie. Man könnte sagen, daß er die Verwirklichung und Bewußtwerdung des Höheren Selbst darstellt. Wenn ein Kahuna in diesem Bewußtsein die Hände auflegt, überträgt er die reinste Form der Energie und vermag selbst schwere Krankheiten in kurzer Zeit zu heilen. Wer Reiki in diesem spirituellen Bewußtsein fließen läßt, kann ähnliches bewirken. *Dai Komio,* das Symbol des Lichtes, ist ein Zugang zu diesem Bewußtsein der Absichtslosigkeit, des Loslassens.

Kino – der physische Körper

»Nach der Huna-Lehre ist der physische Körper ein materialisierter Gedanke des Höheren Selbst, der durch die erworbenen Einstellungen und Gewohnheiten des Bewußtseins und Unterbewußtseins geformt wird«, schreibt Serge King. Der Körper besteht nach Ansicht der Kahunas demnach aus Mana – er ist Mana, Lebensenergie, in eine bestimmte Form gebracht.

Wie die moderne Physik inzwischen bestätigt, ist letztlich alles – auch das, was wir Materie nennen – Energie. Folglich gibt es so etwas wie einen festen Körper gar nicht. Alles, was wir sehen, was wir anfassen können, ist eigentlich nichts Festes, sondern reine Energie. Einzig unser »Geist«, unsere Vorstellung, definiert, daß die Materie, aus der schließlich ja auch unser physischer Körper besteht, etwas Festes ist. Das, woraus wir Menschen – und natürlich auch alles andere – gemacht sind, ist genau betrachtet nichts anderes als Energie – Lebensenergie. Und je mehr Lebensenergie wir »sind«, desto mehr »leben« wir, desto präsenter, kraftvoller, liebevoller sind wir, desto mehr verwirklichen wir uns selbst.

Kino bezeichnet aber nicht nur den physischen Körper, sondern auch unsere Umgebung, unsere Lebensumstände. Das alles verwirklicht unser Höheres Selbst – nach »Maßgabe« unseres Bewußtseins und unseres Unterbewußtseins.

Huna und die Reiki-Praxis

Vieles wäre noch zu ergänzen und zu erläutern, um die Fülle an Hinweisen, die in der Huna-Lehre gerade auch für die Reiki-Praxis gefunden werden können, bewußt zu machen. Aber vielleicht ist es an dieser Stelle gar nicht so wichtig, genau zu wissen, was ein Kahuna unter Gedankentrauben oder Aka-Schnüren versteht, was ein Aka-Körper ist oder was er mit Poe Aumakua, der Gemeinschaft der Hohen Selbste, meint.

Für die Reiki-Praxis halten wir es allerdings für sehr wertvoll, die wichtigsten Grundgedanken dieser wohl ältesten Lehre der Menschheit zu kennen, um sie mit den »Methoden« des Reiki auf ganz persönliche Art zu verbinden. Das »Trenne und Verbinde« der Alchimisten kann hier als Richtschnur genutzt werden. Huna kann uns helfen, uns selbst besser kennenzulernen, indem wir unsere verschiedenen »Teile« getrennt voneinander wahrzunehmen lernen. Reiki hilft uns, diese Einsichten und Erfahrungen im Sinne ganzheitlichen Wachstums zu nutzen. Universelle Lebensenergie ist ein wunderbarer Helfer, unsere Selbste immer harmonischer zusammenkommen zu lassen.

Aus diesem Grund fassen wir einige Grundgedanken der Huna-Lehre noch einmal zusammen. Wir bitten Sie, im Bewußtsein zu behalten, daß bei dieser sehr verkürzten Darstellung vieles verlorengeht oder vereinfacht wird. Ebenso wollen wir an dieser Stelle in Erinnerung rufen, daß Huna als etwas Funktionales verstanden werden will – und nicht etwa den Anspruch erhebt, die »Wahrheit« zu sein. Es gibt nur eine Möglichkeit herauszufinden, ob es für Sie »paßt« – indem Sie es ausprobieren.

Die Kahunas sehen Gott als das »Höchste Wesen« als jenseits aller Vorstellungskraft und außerhalb unseres Begreifens wie auch unserer Einflußnahme.

Der Mensch »ist« die Dreieinigkeit aus dem Niederen Selbst (Unterbewußtsein; inneres Kind, innerer Mann, innere Frau), dem Mittleren Selbst (Bewußtsein, Verstand, Wachbewußtsein) und dem Höheren Selbst (liebevoller Führer und Träger unseres Lebenssinns). Alle drei Selbste sind eigenständige Wesenheiten mit jeweils freiem Willen.

Alles, was existiert, ist eine Form der Lebensenergie Mana. Das Höhere Selbst ist – zumindest aus menschlicher Sicht – die Quelle dieser unerschöpflichen Lebensenergie und bildet eine Gemeinschaft mit allen anderen Höheren Selbsten.

Der physische Körper wird, wie auch unsere Lebensumstände, vom Höheren Selbst als eine Art Gedankenform entworfen, die sich »materialisiert«, wenn sie mit der Lebensenergie Mana angefüllt wird. Die Gedankenformen, die das Höhere Selbst schafft, sind voller Liebe und Licht, sie sind im ganzheitlichen Sinne vollkommen. In welchem Maß sich diese Vollkommenheit verwirklicht, ist allerdings davon abhängig, wie harmonisch das Unterbewußtsein und das Bewußtsein mit dem Höheren Selbst verbunden sind.

Das Niedere Selbst ist der Sitz unserer Emotionen. Es kontrolliert den Körper, speichert Erfahrungen (Gedächtnis) und verfügt über die Lebensenergie Mana. Das Niedere Selbst kann mit dem Höheren Selbst in Verbindung treten.

Aufgabe des Mittleren Selbst ist es (sich und) das Niedere Selbst zu führen und anzuleiten in dem Sinne, daß dem Wirken des Höheren Selbst immer mehr Raum gegeben wird. Dies bedeutet auch, daß es in Zusammenarbeit mit dem Niederen Selbst das Höhere Selbst um Mithilfe bei der Verwirklichung von Wünschen bitten kann (Huna-Gebet).

Im Kern sagt die Huna-Lehre aus, daß sich Leben, Liebe und Licht um so mehr durch uns ausdrücken, je besser unsere drei Selbste zusammenarbeiten.

Die Techniken, die Huna anwendet, dieses Ziel zu erreichen, mag der interessierte Leser, die interessierte Leserin in der entsprechenden Literatur nachlesen. Im Zusammenhang mit einem Buch über Reiki sind sie nicht unbedingt relevant.

Wer Reiki auf meditative Weise praktiziert, wird von ganz allein die harmonisierende Wirkung der Universellen Lebensenergie zu spüren beginnen. Regelmäßige Reiki-Behandlungen sind ohne Zweifel geeignet, viele unserer Komplexe und inneren Widerstände wegzuschmelzen. Je mehr wir dem Strömen und Fließen der Universellen Lebensenergie in uns Raum geben, ihm nachgeben und immer wieder nachspüren, aufmerksam sind für das, was mit uns geschieht, desto weniger Widerstände manifestieren wir für das Wirken des Höheren Selbst. Kenntnisse über die Art und Zusammenarbeit der »Teile« des Menschen sind dafür nicht notwendig.

Die Anwendung der Reiki-Symboltechniken, zum Beispiel auf die eigene Vergangenheit, wie sie in *Das Herz des Reiki* beschrieben sind, lösen viele der Blockaden und Komplexe, die unser Unterbewußtsein gemäß der Huna-Lehre daran hindern, über mehr Lebensenergie zu verfügen. Wichtig ist hier nur die wirkliche Bereitschaft, zu vergeben und um Vergebung zu bitten, nicht die genaue Kenntnis der Beschaffenheit unseres Niederen Selbst.

Wer andererseits die Ideen des Huna direkt ausprobieren möchte, kann sich mittels der Symboltechniken des 2. Reiki-Grades zum Beispiel mit dem Niederen Selbst verbinden, Universelle Lebensenergie fließen lassen und einfach wahrnehmen, was geschieht – ohne Erwartungen.

Ebenso ist die Anrufung des Höheren Selbst im Sinne eines Huna-Gebets mit Hilfe der Fern-Reiki-Techniken möglich. Aber auch hier ist es – ganz wie im Huna – unabdingbar, sich von allen Hoffnungen auf ein konkretes Ergebnis freizumachen und innerlich den Gegenstand der Bitte loszulassen. Wir können nur darauf vertrauen, daß unser Höheres Selbst bereits dabei ist, unsere Bitte zu erfüllen. Es wird das geschehen, was aus der Sicht des Höheren Selbst für uns richtig ist.

Wichtig ist es, wirklich zu begreifen, daß nicht wir es sind, die bestimmen, wie Universelle Lebensenergie wirkt, die lenken, die Macht ausüben. Wir – unsere Mittleren Selbste – können anhand der Huna-Lehre erkennen, daß unsere Aufgabe darin besteht, dem Wirken unseres Höheren Selbst Raum zu geben, indem wir damit beginnen, die Barrieren abzubauen, die verhindern, daß sich das Leben in vollem Maße durch uns ausdrücken kann. Diese Barrieren liegen in den Programmen, Annahmen, Vorurteilen unseres Niederen Selbst.

Ziel kann es nicht sein, mittels »Mentalheilung« alte Muster durch neue zu ersetzen. Solche Techniken sollten wir nutzen, um Muster aufzulösen, in einer inneren Haltung des Loslassens vom Ergebnis unseres Tuns, im Vertrauen auf die ganzheitliche Intelligenz der Reiki-Kraft und im Vertrauen auf unser Höheres Selbst – mit Liebe im Herzen und Licht in unseren Händen.

Ziel kann es auch nicht sein, eine Krankheit mit Reiki »wegbehandeln« zu wollen. Ziel muß es vielmehr sein, die der Krankheit zugrundeliegenden Muster aufzulösen. Gerade hier kann sich die Kenntnis der Eigenarten des Niederen Selbst als wertvolle Hilfe erweisen.

Welcher Weg ist der richtige?

Mana, Universelle Lebensenergie, kommt aus einer Quelle jenseits unseres Begreifens, einer Quelle, zu der wir durch die Reiki-Einweihung einen dauerhaften Zugang bekommen können.

Viele Wege führen zu Heilung und Ganzwerdung, innerem Wachstum, Spiritualität und Erkennen. Soweit wir es überhaupt begreifen können, liegt allen diesen Wegen ein einfaches Prinzip zugrunde: Loslassen und Vertrauen.

Die Reiki-Praxis, wie wir sie in unserem Buch *Das Herz des Reiki* vorgestellt haben, führt von ganz allein zu einer Harmonisierung und Intensivierung unserer drei Selbste, ohne daß unser Kopf daran beteiligt ist. Für viele ist es deshalb auch der »richtige« Weg, sich einfach dem Strömen und Fließen der Universellen Lebensenergie hinzugeben, loszulassen und darauf zu vertrauen, daß die ihr innewohnende Intelligenz von ganz allein für Heilung und Wachstum sorgt. Wer diesen Weg gehen will, sollte sich durch nichts davon abbringen lassen.

Eine andere Weise, Heilung und Wachstum zu fördern, ist der Weg des Schülers eines Meisters, wie wir ihn im Kapitel »Reiki und mehr« zu beschreiben versuchen.

Auch den Weg *wahrer Religiosität* wollen wir hier nicht unerwähnt lassen, ebenso den Weg des Zen, bei dem es darum geht, auch noch das »Nichts« loszulassen.

Andere Menschen brauchen zunächst Erklärungen, wollen verstehen, wie sie und die Welt funktionieren, brauchen handfeste Hinweise. Für diese Menschen ist es der »richtige« Weg, ihren Kopf, ihren Verstand, zu benutzen, um die ersten Schritte machen zu können. Und für diese Menschen bietet Huna Hinweise, die sie im Rahmen ihrer Reiki-Praxis konkret nutzen können, ohne Dogmatismus oder Glaubensbekenntnisse.

Welchen Weg Sie auch gehen – und daß Sie auf dem Weg sind, offenbart die einfache Tatsache, daß Sie dieses Buch lesen –, vertrauen Sie darauf, daß es der richtige für Sie ist. Ein Kahuna würde wohl sagen, daß wir es getrost dem Wirken des Aumakua überlassen können, uns die Richtung zu zeigen. Die Entscheidung, gerade diesen Weg zu gehen, muß allerdings Uhane treffen und dann alles daransetzen, Ku zur Mitarbeit zu bewegen.

Meditation

Jeder kennt das Gefühl der Unzufriedenheit. Aber selbst wenn wir dann – manchmal mit sehr großem Einsatz – unsere uns ungünstig erscheinende Lebenssituation spürbar zum Besseren verändert haben, stellt sich oft das erhoffte befreiende Gefühl nicht ein. Wir alle suchen letztlich tief in unserem Inneren nach der Essenz des Seins, nach dem Sinn unseres Lebens, und sei es uns vielleicht auch nur einmal im Jahr an einem Feiertag bewußt.

Äußere Erlebnisse und Erfahrungen können zwar viel in Bewegung setzen, müssen aber nicht unbedingt eine Verbesserung bedeuten oder gar innere Erfüllung und inneren Frieden bringen. Innerer Frieden zeichnet sich erst dann ab, wenn wir uns unserem wirklichen Wesen nähern und damit der Essenz von allem. Und die Essenz von allem hat auch immer viel mit Stille zu tun. Das gilt für Reiki, das gilt für Meditation, das gilt für das Leben an sich. Wenn wir also trotz äußerer Erfüllung eine gewisse Stagnation in unserem Leben verspüren, dann ist der Moment gekommen, uns vertrauensvoll auf die Reise nach innen zu machen.

Den Reiki-Praktizierenden ist das längst nicht mehr fremd, haben sie doch schon das Wirken Universeller Lebensenergie zumindest in ihrem Körper erlebt. Der Reiki-Prozeß hat bei jedem ein Stück Öffnung für mehr Liebe und Freude bewirkt und will jedem Reiki-Praktizierenden zu der Erkenntnis verhelfen, daß wir alle in uns selbst hineinschauen müssen.

Der Reiki-Prozeß ist eine unschätzbare Hilfe, zunächst unsere verschütteten inneren Qualitäten wiederzuentdecken und, darauf aufbauend, schließlich nach und nach das für unsere innere Entfaltung so wichtige Vertrauen in unseren Geist zu entwickeln sowie auch im Alltag eine erhöhte Sensibilität zu erlangen.

Unser Wunsch nach Veränderung, nach Verbesserung ist zunächst Ausdruck unserer Lebenskraft, die uns vorantreibt, und Reiki hilft uns bei all diesen Prozessen. (Erst mit wachsender Erkenntnis im Verlauf einer Meditationspraxis werden wir diesen Wunsch loslassen können, indem wir sogar ihn als Behinderung auf unserem Weg, als einen Teil unseres Egotrips, begreifen.)

Aber der Reiki-Prozeß läßt uns alle auch die Dualität des Lebens erkennen. Bezogen auf Reiki erleben wir die Polarität in der Trennung zwischen unserem Alltagsverstand und einer Instanz der erhöhten Wahrnehmung, zu der wir während einer Reiki-Behandlung Zugang finden.

Doch unabhängig davon kennen wir alle diese unverhofften Momente erhöhter Wahrnehmung, besondere Augenblicke einer gesteigerten Bewußtheit. Sie mag sich einstellen in einer intensiven Situation mit einem nahestehenden Menschen, in einer bedrohlichen Situation im Straßenverkehr; sie kann auch absichtlich herbeigeführt worden sein durch eine waghalsige Aktion oder durch die Ausübung einer riskanten Sportart. Diesen Augenblicken gesteigerter Bewußtheit ist bei aller vielleicht darauffolgenden Aufgeregtheit eines gleich: ein inneres Durchströmtwerden von Freude, von Kraft, von Ruhe und innerer Sicherheit und darüber hinaus vor allem ein Zustand, den man beschreiben könnte als einen gelösten klaren Geist, der in sich selbst ruhend den gegenwärtigen Augenblick vollständig wahrnimmt.

146

Auf der Suche nach Möglichkeiten, diese Zustände gesteigerter Wahrnehmung mittels geeigneter Techniken bis zu einem gewissen Punkt bewußt herbeizuführen, wurden im Laufe der Jahrtausende effektive Methoden entwickelt. Diese verschiedenen Methoden kann man im weitesten Sinne als Meditationstechniken verstehen.

Der Begriff »Meditation« wurde im Abendland zumeist gründlich mißverstanden, denn »über etwas meditieren« kann niemals Meditation sein, sondern bestenfalls Kontemplation. Allein ein Blick in den katholischen Weltkatechismus genügt, um zu verstehen, warum sich immer mehr Menschen vom Kirchendogma befreien. Die Suche nach unmittelbar erfahrbarer Wahrheit, bei der eine Kirchenbehörde zwischen Gott und den Menschen überflüssig ist, hat es in den letzten Jahren vermehrt mit sich gebracht, daß immer mehr Menschen die Attraktivität des Buddhismus erkennen und sich, getragen von der Suche nach wahrer Erkenntnis, der Praxis der Meditation zuwenden.

Dies sollte nicht als ein bloßes Überwechseln von einem religiösen Bekenntnis zum anderen verstanden werden, ebensowenig als eine Flucht in ein anderes Heilsystem. Wo schon die Reiki-Praxis nicht Religionsersatz sein kann, vermag die Meditation – richtig verstanden und praktiziert – Weltflucht auszuschließen.

In diesem Zusammenhang sei auf eine Äußerung des von der katholischen Kirche mit Berufsverbot belegten Priesters Eugen Drewermann verwiesen, der das Wesen einer nötigen anderen religiösen Sprache wie folgt umschreibt: »Meditierend, nicht definierend, schwebend, nicht festschreibend, poetisch, nicht dogmatisch geformt.« Eugen Drewermann spricht sich auch für eine Neubelebung der Mystik aus, was bedeutet, daß die Wahrheit Gottes, der Existenz, des Lebens an sich, im Menschen selbst liegt.

Reiki ist Anstoß zu innerem und äußerem Aufbruch; Meditation ist wie das Schleifen eines Juwels. Reiki ist Zugang zum Zugang. Mit Reiki ist ein leichter Schritt zur Meditation getan. Wir haben unsere Darstellung des Usui-Systems vom Beginn unseres ersten Buches an mit Hinweisen auf Meditation verknüpft, denn Mediation ist den Menschen ebenso angeboren und mitgegeben wie die Reiki-Kraft. Wir *sind* Lebensenergie. Wir sind auch Transzendenz, was wir in der Meditation wiedererkennen können. Es geht darum, das in uns schlummernde Potential zu erwecken. Es geht darum, daß wir es in uns wiederfinden. Meditation ist der Schlüssel dazu.

Haben wir im Verlauf der Reiki-Praxis eine gewisse Ruhe und tieferes Vertrauen finden können, so will uns die Praxis der Meditation auf höherem Niveau diese heitere Losgelöstheit von den Alltagseindrücken und allen damit zusammenhängenden Identifizierungen vermitteln. Meditation nimmt uns noch in sehr viel stärkerem Maße als die Reiki-Praxis die Angst vor Veränderungen, die zwangsläufig unser Leben auf der Reise zu uns selbst ausmachen.

Das Wunderbare ist, daß Meditation weder etwas Exotisches darstellt, noch einem kleinen Kreis auserwählter, hochintelligenter Avantgardisten vorbehalten wäre. Meditation liegt der menschlichen Natur inne; sie ist ihr Urgrund, ihre Basis.

Meditation stellt sich zunächst als ein Willensakt dar, indem wir uns dafür entscheiden, eine Meditationstechnik zu praktizieren, um den Lärm der Welt auszuschließen und einen Punkt der Stille in uns zu finden.

Die Ursache für Glück und Leid liegt in jedem Menschen selbst, die Praxis der Selbstversenkung, der Meditation, eröffnet den Weg zu eben dieser Erkenntnis. Meditation ist der Weg, gerade auch für die Menschen im christlichen

Abendland, aufgrund eigener Erkenntnis die angenommenen Glaubenssätze von innen her auf ihren Wahrheitsgehalt hin überprüfen zu können.

Je weniger Reiki mystifiziert, glorifiziert und nur als seligmachende Heilenergie gelehrt wird, je mehr Reiki statt dessen als ein praktisch für jeden Menschen ganz leicht erlernbarer Einstieg in einen meditativen Prozeß der Bewußtwerdung und Selbstbefreiung vermittelt wird, desto größer ist auch die Chance, daß aus der Vision eines besseren Lebens für uns alle im Wassermannzeitalter Realität wird. Die Reiki-Praxis kann der Einstieg in die Meditation sein.

Die Reiki-Praxis in Verbindung mit Meditation läßt uns nicht nur ruhiger, friedlicher und harmonischer werden, sie stärkt uns auch und gibt uns Vertrauen in das, was wir tun, sie weckt unseren Mut zur Expansion und steigert unsere Lebensfreude. Meditation läßt uns nach der Erkenntnis der Einheit allen Seins schließlich begreifen, was wir alle in Wahrheit sind: ganz normale Menschen.

Was ist Meditation?

Es gibt viele falsche Vorstellungen hinsichtlich der Meditation. Manche betrachten sie als einen tranceähnlichen Geisteszustand, andere glauben, sie sei eine Art von Gedankengymnastik. Doch Meditation ist nichts von beidem. Meditationspraxis bedeutet, innerlich loszulassen, damit wir unsere Muster als das erkennen können, was sie sind.

Eine erste Antwort auf die Frage »Was ist Meditation?« kann an dieser Stelle sein: Meditation ist das Angebot zur Schulung des Geistes, zur Selbsterkenntnis und zur Eigenverantwortlichkeit.

Im wesentlichen ist Meditation zunächst eine Technik, mit deren Hilfe wir uns ein Zentrum der Ruhe finden können. Der nächste Schritt ist dann der, daß dieses innere Zentrum der Stille uns die Verbindung aufzeigt mit der ewigen Ebene des kosmischen Seins, die in uns allen schwingt, die wir aber in der Hektik des Alltags meist nicht wahr nehmen.

Meditation bringt die körperlichen Funktionen und das Nervensystem in einen Zustand vollkommener Ruhe wie im Tiefschlaf, wobei aber das Bewußtsein in wacher Aufmerksamkeit verbleibt. Je länger wir auf diese Weise eine heitere Losgelöstheit von Alltagsbeschäftigungen aufrechterhalten können, desto größer wird unsere Freude sein, und desto mehr wird auch das Gefühl inneren Friedens unser Herz erfüllen. Jede Reiki-Praxis zielt auf diesen Punkt, aus dem heraus wir Kraft für die Aufgaben in unserem Leben gewinnen können. Die Reiki-Praxis ist der Zugang zur Universellen Lebensenergie und will einmünden in Meditation, besser gesagt, zunächst in eine Methode zum »Erlernen« der Meditation.

Aber ob wir das vierte Reiki-Symbol benutzen, ob wir förmlich in den 3. Reiki-Grad eingeweiht sind, ob wir eine Meditationsmethode praktizieren – wir sollten keine bahnbrecherischen spirituellen Erfahrungen erwarten. Die passieren von sich aus, wenn es so weit ist, wenn wir bereit sind, wenn es für unsere Entwicklung nötig ist. Wir sollten im Gegenteil gar nichts erwarten, denn jede Erwartung, jeder Wunsch, jedes Ziel ist vom Verstand definiert, und es geht ja gerade darum, die Verstandestätigkeit loszulassen.

Die wohl umfassendste Anleitung zur Meditation ist in der Lehre Buddhas zu finden, die in Jahrtausenden zu verschiedensten Schulen weiterentwickelt wurde. Neuere Forschungen legen nahe, daß auch Jesus Christus durch die buddhistische Geistesschulung entscheidend geprägt wurde. Die buddhistische Landkarte des menschlichen Geistes umfaßt als Erklärungsmodell sämtliche Spielarten und Wege, wie ein Mensch vorgehen kann, um durch Meditation zur Erkenntnis seines eigenen Wesens und damit zur Befreiung vom Leid zu gelangen. In der Methode des Zen – und hier wie im folgenden meinen wir immer Zen auf buddhistischer Grundlage – wurde der wohl direkteste und kürzeste, damit aber auch steilste und schwerste Weg entwickelt, alles Streben aufzugeben und vollkommene Freiheit zu erlangen.

Ein sehr ausgefeiltes System aus der tibetischen Tradition des Buddhismus sind die Meditationslehren des *Diamantweges* der Karma-Kagyü-Tradition. »*Mahamudra*« bedeutet auf diesem Weg das Erkennen unseres eigenen Geistes und damit das grenzenlose Erleben höchster Erleuchtung. Wie diese Qualitäten des Geistes, wie zum Beispiel Furchtlosigkeit, Freude und aktives Mitgefühl, auf diesem Weg erlangt werden können, hat Ole Nydahl in seinem Buch *Mahamudra* wie folgt beschrieben: »Es gibt zwei verschiedene Weisen, das Mahamudra zu verwirklichen. Es gibt den ›Ein-Sprung-Weg‹ der großen Vervollkommnung, wo man einfach entscheidet: hier und jetzt ist alles rein, alle Wesen sind Buddhas, alles ist das freie Spiel des Geistes, alles ist nackt und paßt, wie es ist. Dieser Weg hat dieselbe Gefahr, die auch der Zen in sich birgt, daß man ziemlich lange wie vor einer weißen Wand sitzen kann, während nur der Hintern flacher wird. Ist hier der Aufbau von positiven Eindrücken nicht groß genug, besteht die Möglichkeit, daß man ein bißchen einschläft und einen ›Weiße-Wand-Effekt‹ statt des Diamantlichtes in den Geist einbaut.

Der andere ist der ›Vier-Stufen-Weg‹ ins Mahamudra: die erste Stufe ist die Einsgerichtetheit, daß man den Geist genüßlich an einem Punkt halten kann. Es ist tatsächlich ein Genuß. Man bleibt konzentriert in dem, was ist. Das Resultat ist die zweite Stufe: man ist nicht mehr gekünstelt, mag keine Spiele mehr spielen, wird natürlich. Die dritte Stufe ist, daß alles den einen Geschmack des Tatsächlichen bekommt und nicht die unterschiedlichen Geschmacksrichtungen des Mögens und Nichtmögens – der Verwirrung –, sondern den einen Geschmack des Geschehens. Zuletzt sind wir, jenseits aller Anstrengung, auf der Ebene der Nicht-Meditation, auf der alles paßt, so wie es ist und weil es so ist.«

Dieses Zitat von Ole Nydahl vermittelt einen Eindruck, welche Dimensionen die Meditation bei der Entwicklung des Geistes bis hin zur höchsten Erleuchtung haben kann. Aber rufen wir uns auch den Ausspruch von Buddha ins Gedächtnis: »Glaubt nichts, das ihr nicht selbst erfahren habt!«

Der Buddhismus ist in diesem Sinne das Studium des Lebens, das Studium des Geistes. Und der Geist ist sehr subtil. Unser Verstand braucht vor allem Sicherheit, unsere Seele aber will uns noch viel Weiterführendes zeigen.

Meditation läßt uns erkennen, daß widrige Lebensumstände, welcher Art auch immer, nicht böses Schicksal, negative Auswirkung gesellschaftlicher Verhältnisse oder gar eine Strafe Gottes sind, sondern daß sie als eine Chance zu wirklichem Wachstum angesehen werden können. Meditation ist letztlich die Erfahrung von Glück und die Erfahrung einer uns bis dahin unzugänglichen Kraft aus unserem Inneren heraus.

Diese Kraft ist in allen von uns. Chögyam Trungpa Rinpoche, einer der bedeutendsten Meditationslehrer für die westliche Welt, weist im Buch vom meditativen Leben auf diese Kraft in uns selbst hin: »Es gibt etwas Aufrichtiges in unserem Leben, das einfach existiert, ohne daß wir es erst schaffen müssen. Und es gibt nur einen Bezugspunkt, auf den wir uns verlassen können und der uns vor Täuschungen bewahrt, nämlich das Wissen, daß das grundlegende Gutsein schon in uns ist. Dieses Wissen kann man durch die Praxis

152

der Meditation als Gewißheit erfahren. Dann gewinnt das Leben eine natürliche Würde und Kultiviertheit. Man handelt direkt, spontan und natürlich mit offenem Geist, voller Vertrauen und voller Freude.«

Meditation läßt uns in unseren Alltagshandlungen erfahren, daß wir uns völlig im jeweiligen Tun auflösen können, sei es beim Spülen des Geschirrs oder beim Bearbeiten eines Marmorblocks. Wenn jegliches Nachdenken über das Tun verschwindet, ist der Moment gekommen, in dem die Öffnung passiert in das Potential eines jeden Augenblicks – absichtslos und anstrengungslos. Dies zumindest im Auge zu behalten ist auch das Ziel der Reiki-Praxis.

Bewußt in dem zu verweilen, was ist, als Beobachter, ohne Erwartung und Angst, ohne ein Festhalten und ohne etwas zu verdrängen – dann entdecken wir unsere einzigartigen Möglichkeiten, können sie mehr und mehr umsetzen und auch endlich richtig genießen. Im ganz normalen Alltag mit all seinen Aufgaben und Abläufen werden wir dann spüren, worauf jede Meditation abzielt und wohin uns Reiki führen will: Wir tun alles mit vollem Herzen, mit ungeteilter Aufmerksamkeit und Hingabe, leben vollkommen in dem, was ist.

Meditation heißt, unbewegten Geistes zu sein. Meditation verlangt nicht, daß wir das Denken abschaffen, nur weil wir zu wissen glauben, daß es um Leere geht. Es geht vielmehr darum, den inneren Spiegel, den inneren Betrachter, wiederzufinden; den inneren Zeugen zu finden, der sieht und spiegelt, aber nicht bewertet. Das heißt loslassen – nicht etwa unterdrücken – der Konditionierungen unseres Intellekts, die dem Hier- und-Jetzt-Sein im Wege stehen. Meditation ist in diesem Sinne Mittel, um die störenden Auswirkungen des Verstandes, des Denkens, zu überwinden. Haß, Intoleranz, eine überzogene materielle Einstellung usw. verwandeln sich durch Meditation in Liebe, Offenheit und Klarheit. Meditation ist Schulung unseres persönlichen Geistes, die uns zu der Erkenntnis führt, daß alles geistgeschaffen ist.

Jenseits des Intellekts liegen Bereiche des Seins, der Wahrheit, die direkt erfahren werden müssen, weil sie dem Verstand, den Gedanken, verborgen bleiben. Meditationspraxis bietet dem Menschen die Chance, sich von den eigenen Begrenzungen zu befreien und sich selbst auf der Reise in den inneren Raum als das zu erkennen, was er in Wahrheit ist: ein göttliches, freies Wesen. So es Sinn aller Meditationspraxis, unsere anfanglose Erleuchtungsnatur zu erleben. Und beginnen können wir an dem Ort, an dem wir gerade sind.

Die Wichtigkeit einer Meditationspraxis kann nicht genug betont werden. Es wäre zu wünschen, daß sich immer mehr Menschen auf einen meditativen Weg begeben, Stille finden, alte Begrenzungen überschreiten und ihr Bewußtsein erweitern. In dieser kritischen Phase der Entwicklung der Erde erscheint uns das unerläßlich. Und eine Meditationspraxis ist keine eigennützige Sache, sondern eine notwendige Schulung, die auch dem so nötigen inneren und äußeren Frieden zum Durchbruch verhilft.

Es ist ein Mysterium des Lebens, das in Ansätzen auch schon durch eine meditative Reiki-Praxis erlebt werden kann: Je mehr die stille Beobachterinstanz in uns an Kraft gewinnt, je klarer der Spiegel in uns wird, desto schöner, tiefer und klarer werden auch unsere Gefühle. Und je weiter dieses meditative Erleben Alltagsgeschehen wird, desto klarer werden wir auch unsere Identifikationen mit unseren Gedanken und Gefühlen wahrnehmen.

Meditation läßt uns zudem erfahren, was Dankbarkeit ist, Dankbarkeit für unser pures Dasein und für die Gelegenheit, wachsen zu dürfen. Die Meditation wird die Reiki-Praktizierenden auf einer tieferen Ebene zum Beispiel auch eine der Reiki-Lebensregeln erfahren lassen: »Sei dankbar für alle Segnungen in deinem Leben.« Wenn Reiki noch Aufforderung zu diesem Erkennen sein mag, dann ist die Praxis der Meditation die Basis eines solchen Erkennens.

Meditationspraxis, das Erspüren von Dankbarkeit im Herzen, das Aufblühen der Liebe und des Mitgefühls in all unseren Kontakten zu unseren Mitmenschen, eine sich immer mehr gestaltende Bewußtheit in all unseren Angelegenheiten – all das ist auch die Basis, die uns zu einem weiteren Schritt auf unserem Weg zur Befreiung ermutigt. Es ist ein Schritt aus gewachsenem Verständnis und gewachsener Selbstliebe heraus, getragen auch von dem Gefühl einer Allverbundenheit. Dieser Schritt vollzieht sich durch Hingabe.

Fassen wir noch einmal kurz zusammen. Meditation beginnt dort, wo die Tätigkeit des Verstandes endet. Insofern ist Meditation auch etwas völlig anderes als Konzentration oder als Kontemplation (»Meditieren über etwas«). Meditation ist ein Zustand reinen Bewußtseins, der mit Tun nicht erreichbar ist. Der Verstand ist gekennzeichnet durch eine ununterbrochene Kette von Gedanken, Wünschen, Plänen und Erinnerungen, ebenso Sorgen und Ängsten. Das ist das Gegenteil von Meditation. Wenn hingegen der Lärm im Kopf aufgehört hat, wenn wir den Gedankenstrom einfach nicht mehr wichtig nehmen, wenn schließlich keine Gedanken, Gefühle und Wünsche die Stille mehr beeinträchtigen, wenn wir ganz still sind, dann geschieht Meditation. Und nur in dieser Stille wird die Wahrheit erkennbar sein. Meditation ist ein Zustand der Abwesenheit aller Verstandestätigkeit.

Nur wenn die Bewußtheit jenseits des Verstandes Momente reinen Seins offenbart, Momente der Transparenz, wenn alles still ist, nur dann sehen wir, was wir wirklich sind. Dann erkennen wir das Mysterium unseres eigenen Seins und der gesamten Existenz.

Meditationstechniken
in Verbindung mit Reiki

Es ist ganz wichtig zu verstehen, daß alle Methoden der Meditation nur Vorbereitungen für den Moment sind, in dem wahre Meditation passiert. Alle Methoden sind Techniken und nicht Meditation. Sie sind nur unerläßliche Vorstufen beziehungsweise Vorbereitungen für den Moment, in dem wir eines Tages nur sind, nichts tun, nichts mehr erreichen wollen. Alles Suchen und Wollen und auch die Praxis der Methoden der Meditation sind letztendlich sinnlos und zum Scheitern verurteilt, denn alles Suchen ist ein Ergebnis der Verstandestätigkeit. Erst der Moment des Nichtsuchens, des Nichtwollens ist Meditation.

Aber man muß ja schließlich irgendwo anfangen. Und das können wir jetzt, in diesem Moment und in der Verfassung, in der wir uns gerade befinden. Es ist nur eine Frage der Entscheidung. S. H. der Dalai Lama sagte, es genüge, ein fühlendes menschliches Wesen zu sein mit einem offenen Herzen und einem Lächeln auf dem Gesicht.

Es würde den Rahmen dieses Buches sprengen, auf all die verschiedenartigen Meditationstechniken in ihrer ganzen Bandbreite einzugehen. (Wir als Autoren wären damit auch vollkommen überfordert.) Deshalb verweisen wir alle interessierten Leser auf die reichhaltige Literatur zu diesem Bereich, die heutzutage leichter denn je zu erhalten ist. Wer allerdings mit einer Meditationspraxis wirklich beginnen möchte, sollte sich auf jeden Fall möglichst bald einen kompetenten Lehrer suchen, um all die in Jahrtausenden gewachsenen Erfahrungen nutzen zu können und das Rad nicht neu erfinden zu müssen.

Wir beschränken uns hier auf einige bewährte Techniken, die einen besonderen Bezug zum Reiki-Weg zeigen und die sich alle in der einen oder anderen Weise segensreich ausgewirkt haben. Wenn wir, unserem unruhigen Geiste folgend, dauernd von einer Technik zur nächsten wechseln, können wir keine Zentrierung erfahren, sondern werden Verwirrung ernten. Darüber hinaus ist jede Technik ein Weg. Die äußere Meditationshandlung bleibt zwar gleich, aber im Laufe der Zeit verändert sich das innere Erleben und läßt uns etwas über uns erfahren, was wir vorher nicht wahrgenommen haben. Wer zu früh mit einer Technik aufhört, dem wird dieses Erlebnis nicht zuteil. Alles braucht seine Zeit.

Bevor wir einige Meditationstechniken vorstellen, wollen wir die geistige Haltung, die während einer Meditation eingenommen werden sollte, anhand einer Geschichte über Buddha beschreiben, die wir dem Buch *Spirituellen Materialismus durchschneiden* von Chögyam Trungpa Rinpoche entnommen haben.

Ein berühmter Sitarspieler wollte Meditation lernen und fragte Buddha: »Soll ich meinen Geist unter Kontrolle halten oder ihn völlig loslassen?« Buddha antwortete: »Sag mir, da du ein großer Musiker bist, wie würdest du die Saiten deines Instrumentes stimmen?« Der Musiker sagte: »Ich würde sie weder zu fest noch zu locker spannen.« »Genau so«, entgegnete Buddha, »sollst du in deiner Meditationsübung deinem Geist weder gewaltsam etwas aufzwingen, noch ihn umherwandern lassen.«

Meditationspraxis bedeutet, den Geist auf eine ganz offene Art und Weise einfach sein zu lassen, den Energiestrom zu spüren, ohne ihn unterdrücken oder völlig aus der Kontrolle verlieren zu wollen, und so dem Energiemuster des Geistes zu folgen.

Und noch ein Wort vorab. Alle Meditationstechniken sind dazu da, genutzt zu werden, wenn man selbst nicht weiterkommt. Aber jeder Mensch ist anders, und es gibt viele

Wege. Wer wirklich in sich hineinspürt, findet dort vielleicht die Technik, die Vorgehensweise, die für ihn genau die richtige ist. Und damit sollte er beginnen, nicht damit, was andere für »das Richtige« halten.

Meditationstechniken für den 1. Reiki-Grad

Die wichtigsten Meditationstechniken im 1. Reiki-Grad sind die auf den Körper gerichtete Aufmerksamkeit sowie die Kontemplation über die Lebensregeln. Diese Techniken beschreiben wir hier deshalb etwas ausführlicher.

Aufmerksamkeit auf den Körper richten: Wenn wir nach den Einweihungen in den 1. Reiki-Grad damit beginnen, uns möglichst täglich für eine Stunde die Hände den Grundpositionen gemäß auf den Körper zu legen, mag die erste Herausforderung darin bestehen, in dieser Zeit dem äußeren Verstand nicht zu gestatten, pausenlos die Beschäftigung mit den Ereignissen und Problemen des Alltagslebens fortzusetzen. Geschieht es doch, so ist es nicht tragisch, denn die Reiki-Kraft fließt unbehelligt von der Verstandestätigkeit durch unsere Hände. Wenn es uns aber gelingt, während der Reiki-Selbstbehandlung unsere Aufmerksamkeit ohne Anspannung – und doch beharrlich – auf unseren Händen und den jeweils abgedeckten Körperbereichen verweilen zu lassen, können wir nicht nur den Fluß der Reiki-Kraft bewußter wahrnehmen, sondern es ist durch unsere Aufmerksamkeit auch ein Einstieg in den meditativen Prozeß.

Die innere Aufmerksamkeit wird von dem Körperteil, dem wir uns bewußt zuwenden, automatisch angezogen. Sicher werden wir in dieser Zeit der Ruhe, der Entspannung, der Beobachtung des Fließens der Reiki-Kraft neben körperlichen Regungen auch Gefühle wahrnehmen.

Die entspannte, ruhige, liegende (oder bequem sitzende) Körperhaltung schafft auf der physischen Ebene eine ideale Voraussetzung, aufsteigende Gefühle während der Reiki-Selbstbehandlung zu beobachten, sie einfach sein zu lassen, ohne Energie auf sie zu richten. Energie würden wir diesen Gefühlen geben, wenn wir in sie einsinken. Gedanken bewußt weiterdenken, uns hineinsteigern. Hier geht es im Gegenteil wirklich nur darum, das, was da ins Bewußtsein tritt, einfach anzuschauen, vorüberziehen zu lassen, sozusagen wie einen Film, den wir uns anschauen. Und vor allem sollten wir nicht bewerten, unser Innenleben nicht in »gut« und »schlecht«, in »das darf man« und »das tut/denkt/fühlt man nicht« einzuteilen. Einfach nur einverstanden sein mit dem, was da ist.

So können wir mit der Zeit erleben, wie sich negative Dinge scheinbar wie von selbst aufzulösen beginnen, scheinbar im Nichts verschwinden – nur dadurch, daß wir schauen, ohne zu urteilen. Mehr ist nicht erforderlich.

Kontemplation über die Lebensregeln. Kontemplation ist das Nachsinnen über einen eingegrenzten Themenbereich oder über einen bestimmten Begriff. Dieser Begriff oder Satz wird so lange im Geiste gedreht, gewendet und betrachtet, bis der Kontemplendierende mit ihm verschmilzt und auf diese Weise mit dem entsprechenden Bewußtseinsfeld in Kontakt kommt. Hieraus erwächst ein tiefes Verstehen des Gegenstandes der Kontemplation.

Als Vorbereitung begib dich an einen ruhigen Ort, und such dir *eine* Lebensregel heraus (siehe *Das Herz des Reiki)*. Du beginnst damit, diese Regel (zum Beispiel »Sei dankbar für die vielen Segnungen«) oben auf ein Blatt Papier zu *schreiben*. Notiere daneben *sofort* alle Gefühle und Gedanken, die in dir aufsteigen. Dann *danke* deinem Unterbewußtsein für seine Mithilfe. *Wiederhole* diesen Vorgang mindestens zehnmal. Schließe dann deine Augen, und werde innerlich still, während du diesen Satz vor deinem geistigen Auge entstehen läßt, dich mit ihm vereinst. Verbleibe etwa 15 Minuten in dieser Kontemplation. Wiederhole diese Übung für jede Lebensregel mindestens zehnmal an verschiedenen Tagen.

In diesem Zusammenhang empfehlen wir, das Buch *Einverstandensein* von Shalila Sharamon und Bodo J. Baginski zu lesen und die dort vorgeschlagene Technik des Nichtbewertens anzuwenden. So gelingt es uns leichter, die bei der ersten wie der zweiten Meditationstechnik vielleicht hochkommenden Gefühle und Gedanken integrieren und loslassen zu können.

Energiekreis schließen

Setze dich so auf den Boden, daß sich deine Fußsohlen berühren, und führe die Hände vor der Brust so zusammen, daß die Handflächen aufeinanderliegen. Verbleibe in dieser Haltung etwa 15 Minuten, und beobachte das Fließen der Energie.

Diese Übung kannst du erweitern, wobei diese Haltung etwas anstrengender ist und über Reiki hinaus auch noch bioenergetische Effekte hat: Knie dich auf den Boden, und leg deine Handflächen auf deine Fußsohlen. Dann streck den Bauch heraus, bis Knie und Kinn eine gerade Linie bilden. Diese Übung solltest du am Anfang nicht länger als 5 Minuten machen, wenn du nicht gerade ein durchtrainierter Athlet bist.

Darüber hinaus empfehlen wir die dynamischen Meditationstechniken von Osho. Sie sind in *Das Orangene Buch* beschrieben und eignen sich allesamt in hervorragender Weise, die im Verlauf des Reiki-Prozesses vielleicht hochkommenden Emotionen wie Wut, Aggressivität, Hilflosigkeit usw. zu verarbeiten und abzubauen. Besonders hilfreich sind die Dynamische Meditation, die Kundalini-Meditation und die Mandala-Meditation.

Meditationstechniken für den 2. Reiki-Grad

Im 2. Reiki-Grad arbeiten wir vorrangig mit Visualisation. Im Rahmen einer Reiki-Meditation mit dem 2. Grad sollten wir immer damit beginnen, uns zunächst kein Bild von dem zu machen, mit dem wir in Kontakt treten wollen, sondern geduldig warten, bis es von allein entsteht.

Die Symboltechniken erlauben uns, daß wir mit allem Kontakt aufnehmen können. Wir sollten zunächst unsere inneren Anteile wie unser Höheres Selbst, unser inneres Kind, unsere innere Frau, inneren Mann, inneres Tier bitten, mit uns in einer Meditation zusammenzuarbeiten, bevor wir darangehen, uns auf (vermeintlich) äußere Dinge wie Menschen, Tiere, Pflanzen oder Steine zu konzentrieren. In *Das Herz des Reiki* haben wir in diesem Zusammenhang einige Möglichkeiten vorgeschlagen.

Darüber hinaus empfehlen wir aus *Das Orangene Buch* von Osho die Gourishankar-Meditation und die Nadabrahma-Meditation.

Meditationstechniken für den 3. und 4. Reiki-Grad

Abgesehen von den bereits vorgeschlagenen Techniken zum Umgang mit dem Meistersymbol *Dai Komio,* empfehlen wir den Reiki-Praktizierenden aller Grade, insbesondere allen Reiki-Lehrern und -Meistern, die seit Jahrhunderten bewährten und praktizierten Techniken Vipassana und Zazen.

Die Aufgaben der Reiki-Lehrer und -Lehrerinnen zur Jahrtausendwende

Die Gelegenheit, kosmische Energie als Kanal auf andere Menschen übertragen zu dürfen, legt allen Reiki-Lehrern und -Lehrerinnen Betrachtungsweisen nahe, die über die heute meist noch üblichen hinausgehen. Beruf, Geld, Erfolg, Anerkennung, auch Dienen – diese Inhalte können im Laufe der Tätigkeit als Reiki-Lehrer neue Dimensionen bekommen, die von Dankbarkeit, Demut und Loslassen geprägt sind.

Reiki-Lehrer zu sein ist Auszeichnung und Verpflichtung, auch und ganz besonders der eigenen Entwicklung gegenüber. Das Erfahren von Dankbarkeit, diese Tätigkeit überhaupt ausüben zu dürfen, ist einer der Motoren unserer Entwicklung, denn sie schließt Demut, Hingabe und das Loslassen unserer Erfolge mit ein.

Persönliche Entwicklung, die in spirituelle Entwicklung münden soll, muß nicht unbedingt mit Kampf, Anstrengung oder gar mit Selbstkasteiung einhergehen. Sie kann auch »wie von selbst« passieren durch die Arbeit mit der Energie des Herzens – mit Reiki. Jeder Praktizierende, ob er nun in den 1. oder den 4. Grad eingeweiht ist, wird das mehr oder weniger erfahren haben. Als Reiki-Lehrer sind wir Vermittler, und als solche stehen wir in der Mitte zwischen »Himmel und Erde.« Durch die uns umgebenden Menschen erkennen wir uns immer mehr in unserer Größe und Einzigartigkeit wie auch in unserer Kleinheit und Schwäche. Mit zunehmender Erfahrung und daraus wachsendem Vertrauen sehen wir auch immer klarer den Weg, den wir gehen wollen, den wir gehen dürfen, den wir gehen müssen.

Den Reiki-Lehrern und -Lehrerinnen wird im nun beginnenden Wassermannzeitalter die Aufgabe zufallen, möglichst vielen Menschen den Zugang zur Universellen Lebensenergie zu vermitteln. Und es wird künftig immer mehr Menschen geben, die sich diese Unterstützung und Hilfe wünschen.

Reiki ist keine neue Religion, und die Reiki-Lehrer sind keine neuen Priester – ganz im Gegenteil. Die Reiki-Lehrer sind aber infolge ihrer speziellen Position aufgefordert, angesichts der auf sie zukommenden Herausforderungen noch mehr an ihrer eigenen Vervollkommnung zu arbeiten als andere, dabei aber trotzdem – oder gerade deswegen? – ganz normale Menschen zu bleiben. Einfachheit, Natürlichkeit, Bodenständigkeit, Kontakt mit der Erde und Herzlichkeit den Menschen und ihren Anliegen gegenüber auf der Basis einer geeigneten Meditationspraxis sind dafür die besten Standbeine.

Die fortlaufende Praxis der Einweihungen und besonders die Meditation versetzen die Reiki-Lehrer auch in die Lage, nicht mehr unbedingt dem Bild des »Reiki-Meisters« entsprechen zu müssen, das sich viele Reiki-Schüler immer noch gerne machen. Trotz dieser oft festen Vorstellungen, wie so ein »Meister des Reiki« zu sein hat und wie er sich benehmen sollte, fällt es so dem Lehrer leichter, authentisch zu bleiben und ganz natürlich zu sein. Die fortlaufende Meditationspraxis in Verbindung mit dem Reiki-Prozeß gibt die Kraft und die Einsicht zur Ehrlichkeit auch den eigenen »Fehlern« gegenüber. Der Reiki-Lehrer ist ein ganz normaler Mensch – eben ein Lehrer für das »Fach« Reiki.

Je mehr wir uns dahin entwickeln, wir selbst zu sein, und unser eigenes inneres Licht entdecken, desto mehr werden wir auch das Licht in den Augen der anderen leuchten sehen.

Wenn jeder Mensch vom Alten mehr und mehr losläßt, entsteht immer mehr Raum für das Neue, das sich nun im Wassermannzeitalter entwickeln möchte. Und so ist es auch leicht, durch unser Verhalten unseren Reiki-Schülern zu helfen, ihre Bilder und Vorstellungen bezüglich der Reiki-Lehrer loszulassen, damit sie von Anfang an begreifen, daß es nicht um eine Fixierung auf den Lehrer geht, sondern um das Erkennen der eigenen inneren Quelle. Die Funktion des Reiki-Lehrers besteht darin, die Reiki-Kraft zu übertragen und Hilfestellung bei diesem Wiedererkennen eigenen Angeschlossenseins an den Kosmos zu leisten. Je weniger sich der Reiki-Lehrer bei all dem zu sehr ernst nimmt – bei aller Zentriertheit und Hingabe an die Aufgabe und bei allem Ernst der Sache gegenüber – desto mehr kann er dem Reiki-Schüler bei seiner Entwicklung behilflich sein (und damit auch wieder seine eigene fördern).

Im Wassermannzeitalter ist niemand mehr etwas Besonderes, nur weil er oder sie ein Reiki-Lehrer oder eine Reiki-Lehrerin ist. Und heute ist es unserer Meinung nach Zeit, den Begriff des Reiki-»Meisters« aufzugeben. Die Grenzen zwischen dem Profi- und dem Hobby-Reiki-Lehrer werden immer mehr verwischen. Es ist auch unwichtig, ob Reiki-Lehrer still und im verborgenen oder im Licht der Öffentlichkeit stehen. Alle in den 4. Grad Eingeweihten werden die Reiki-Kraft entsprechend ihren individuellen Umständen und auf eine ihnen angemessene persönliche Weise weitergeben und damit auch ihren ganz eigenen Weg gehen.

So genial das Reiki-System des Dr. Usui auch ist, so wichtig ist es im Sinne einer evolutionären Tätigkeit der Reiki-Lehrer, die eigene Bewußtheit und Lebensfreude über die Reiki-Praxis hinaus zum Beispiel durch Meditation zu vertiefen, um Reiki-Schülern individueller als bisher weiterhelfen zu können. Wir verstehen unter einer Evolution der Reiki-Lehrer deshalb unter anderem, daß sie über das Usui-System hinaus ein pures »Meditations-Reiki« für sich entwickeln, das sie ausstrahlen und auch nachvollziehbar vermitteln können.

Aus einem anderen Blickwinkel heraus betrachtet, wird der Reiki-Lehrer, die Reiki-Lehrerin des Wassermannzeitalters das Reiki-System in andere, speziellere Methoden persönlichen Wachstums integrieren müssen, um »seinen«/ »ihren« Schülern wirklich weiterhelfen zu können. Bioenergetik, Rolfing, Reinkarnationstherapie, Shiatsu, Gesprächstherapien und viele, viele andere Wachstumssysteme können Hilfen auf dem Weg zur Ganzwerdung sein. Zwar kann niemand auch nur annähernd alle diese Techniken beherrschen, aber der Reiki-Lehrer sollte zumindest so weit über persönliche Erfahrungen mit verschiedenen Methoden verfügen, daß er seinen Schülern beratend zur Seite stehen kann.

Wenn darüber hinaus Reiki als Basis einer Kombination verschiedener dieser Entwicklungsmethoden in ein auf den einzelnen zugeschnittenes Entwicklungskonzept integriert würde, könnte es Menschen in wesentlich kürzerer Zeit als bisher zu wirklich tiefgreifenden Befreiungen und mehr Lebensfreude verhelfen.

Erfahrungsgemäß bringt es die individuelle Disposition mancher Menschen mit sich, daß sie es nicht mögen, ihren eigen Körper zu berühren, geschweige denn den Körper eines anderen Menschen. Ihnen würde also die Praxis des 1. Reiki-Grades (zunächst) keine Entspannung bringen. Was für den 1. Reiki-Grad gilt, trifft in diesem Zusammenhang auf die Ebene des 2. und 3. Grades ebenso zu, denn nicht jeder Mensch findet den Zugang zu Symbolen, mit denen die

Reiki-spezifische Energiearbeit passiert. Das heißt, die Reiki-Symbole sind nicht unbedingt für jeden als Arbeitsgrundlage geeignet. Aufgabe im Sinne einer Evolution wird es für die Reiki-Lehrer im Wassermannzeitalter werden, die Grenzen des Reiki zu verlassen, um kraft eigener Erfahrungen auch diesen Menschen zu helfen. Während ein solcherart disponierter Personenkreis heute zu Reiki keinen Zugang findet, sollte ein Reiki-Lehrer der Zukunft Mittel und Wege wissen, auch in diesen Fällen ernsthaft Interessierten einen Zugang zur Universellen Lebensenergie zu zeigen.

Wir sehen es als Aufgabe der Reiki-Lehrer im Wassermannzeitalter an, dies zu erkennen, umzusetzen und damit den Schülern die Erfahrung Universeller Lebensenergie auch strukturlos zu vermitteln. Mit »strukturlos« meinen wir, daß es durchaus sinnvoll sein kann, in bestimmten Fällen bei bestimmten Menschen vom Usui-System des Reiki und seinen vorgegebenen Gradeinteilungen abzuweichen und Universelle Lebensenergie auf völlig anderen Wegen zu übertragen.

Eine derartige Weiterentwicklung aller Reiki-Lehrer erscheint uns hinsichtlich einer effektiven Hilfestellung für die Reiki-Schüler und auch hinsichtlich der Wahrung der Werte des Reiki für die Zukunft sehr wichtig.

Eine über das Erlernte hinausreichende Perspektive ist zudem erforderlich, um akzeptieren zu können, daß es nicht nur unterschiedliche Symbolschreibweisen, sondern auch unterschiedliche Einweihungsrituale gibt.

Frau Furomoto wies 1992 in der Zeitschrift *Reiki News* darauf hin, daß ihre Großmutter, Frau Takata, die von Dr. Hayashi erhaltenen Einweihungsrituale abgewandelt hat. Amerikanischen Berichten (oder sind es nur Gerüchte?) zufolge soll Frau Takata vor einem halben Jahrhundert auch je nach der Erfordernis des Tages ihren verschiedenen Meisterschülern voneinander abweichende Einweihungsrituale gelehrt haben. Einige dieser unterschiedlichen Rituale durften wir und befreundete Reiki-Lehrer ausführen, wobei sich zeigte, daß sie alle gleichermaßen wirksam sind. Ähnlich wie bei den Symbolen haben sich die Unterschiedlichkeiten im Ablauf der Rituale als nicht gravierend erwiesen. Jenseits von aller Rechthaberei sehen wir hierin den Beweis für die Lebendigkeit des Reiki und eine weitere Bestätigung für den Ausspruch Buddhas, daß das die Wahrheit ist, was funktioniert.

Das sollte aber nicht gleichgesetzt werden mit einem Freibrief dafür, nun selbst seiner Phantasie bezüglich der Reiki-Einweihungsrituale freien Lauf zu lassen und nach Belieben irgend etwas hinzuzudichten, was dem Geist des Reiki nicht mehr entspricht. Die Einweihungsrituale haben die Aufgabe, den Zugang zur Universellen Lebensenergie dauerhaft zu übertragen. Dieses wesentliche Merkmal darf auf keinen Fall verlorengehen.

Ein Beispiel für eine Weiterentwicklung der Einweihungsrituale im oben beschriebenen Sinne wollen wir hier vorstellen. Unsere und die Erfahrung vieler unserer Reiki-Freunde zeigte uns, wie positiv und stabilisierend sich die Einbeziehung der Füße in das Einweihungsritual auswirkt. Es ist nicht nur so, daß viele Schüler oft gerade diesen Augenblick als einen Moment der Integration, der Verbindung von »oben« und »unten« empfunden haben, sondern darüber hinaus bewirkt die »Fußeinweihung« eine wohltuende Erdung. Das ist keinesfalls als eine Anbindung an die Erde zu verstehen, aber es hilft ungemein, die mit der Einweihung verbundenen energetischen Ausdehnungen bleibend in das tägliche Leben zu integrieren.

Unterschiedlichkeiten der Rituale sind letztlich unwichtig, denn unser Herz wird es uns sagen. Das Herz hat eine hunft, die der Verstand nicht kennt, und es verfügt darüber hinaus über eine ganz eigene Intelligenz, die sich mit dem Intellekt absolut nicht mehr vergleichen läßt. Wir müssen ganz einfach auf unser Herz hören! Das betrifft auch den zeitlichen Abstand zwischen den Einweihungen in die einzelnen Reiki-Grade.

Meditation öffnet den Weg über das »System« Reiki hinaus. Meditation stärkt uns sozusagen das Rückgrat, gibt uns Vertrauen in eine innere Führung auch unseres rebellischen, kreativen Anteils und läßt in uns die Erkenntnis wachsen, aus der Liebe und Mitgefühl entstehen. Liebe und Mitgefühl, zu denen uns Reiki führt, und die innere Stärke und Klarheit, die uns die Meditation vermittelt, lassen uns die Mitte finden, aus der heraus wir den Weg gehen können zu unserer ganz individuellen Umsetzung unseres wahren Potentials. Liebe und Meditation sind die beiden Flügel des Vogels in uns, der sich aufschwingen will zu neuen inneren und äußeren Horizonten.

Liebe und Meditation lassen uns das erfahren, was C. G. Jung Synchronizität nannte. Ereignisse, scheinbar ohne Zusammenhang, fügen sich plötzlich zu einem sinnvollen Ganzen, das besser und schöner ist als alles, was wir mit unserem Intellekt hätten planen oder mit unserem Wollen hätten erreichen können. Das Erleben dieser Synchronizitäten läßt in uns das Vertrauen in die innere Führung wachsen. Dieses Vertrauen läßt uns auch im Alltag unsere Mitte spüren und gibt uns die innere Sicherheit, aus der heraus wir uns neuen und ungewohnten Entwicklungen ohne Vorurteile stellen können. So wird unser Leben immer reicher.

In ihrem Buch *Tao der Psychologie* beschreibt Jean Shinoda Bolen in eindrucksvoller Weise Hintergründe und Auswirkungen sogenannter synchronistischer Ereignisse, die sie selbst als ehrfurcht- und demuteinflößende, ja einweihende Erfahrungen erlebte. Jeder Reiki-Lehrer kennt das Gefühl der Gnade und Dankbarkeit während der Reiki-Einweihungen, geboren aus der Erkenntnis, als ein Werkzeug höherer Mächte fungieren zu dürfen. In Anknüpfung an diese Erfahrungen während oder nach den Reiki-Einweihungen sollten Reiki-Lehrer diesen Bewußtseinszustand auch im Tagesverlauf aufrechterhalten und damit für synchronistische Erfahrungen im ganz normalen Alltagsleben offen sein.

Gerade auch in alltäglichen Situationen außerhalb der Tätigkeit als Reiki-Lehrer fließt dann die kosmische Energie durch uns und führt uns Menschen zu, die uns ohne unsere bewußte Absicht weiterbringen. Sie läßt uns Situationen erleben, die sich expansiv für alle Beteiligten auswirken. Liebe durch Reiki und Klarheit durch Meditation schaffen die Präsenz, die alles für uns arrangiert, so daß niemand mehr als Reiki-Lehrer mit stolzgeschwellter Brust auftreten muß. Die Menschen, für die es wirklich stimmt, als Reiki-Lehrer oder Reiki-Lehrerin zu arbeiten, haben es aus diesem Grund heraus auch nicht nötig, Reiki-Schüler über den Wege intellektueller Überzeugungsarbeit zu gewinnen. Synchronistische Ereignisse werden uns zeigen, daß wir selbst gar nichts mehr tun müssen; das Leben arrangiert und transzendiert damit jegliches Erfolgsstreben und auch die Identifizierung mit unseren »Erfolgen«.

Das Erkennen und Ausprägen individueller Talente und Fähigkeiten – ein so wunderbarer Effekt des Reiki-Prozesses – im Zusammenwirken mit der Erfahrung synchronistischer Ereignisse im Alltag geben uns Vertrauen in die innere Führung. Und so wird in uns das Gespür dafür wachsen, daß neue, früher ungeahnte Möglichkeiten der Selbstverwirklichung und der damit auch verbundenen materiellen Sicherheit in unser Leben treten werden. Sie zu ergreifen und zu leben ist ein beständiges Angebot und Geschenk für den Reiki-Lehrer.

Der sinnvolle »Zufall«, die Synchronizität in unserem Leben, das Tao, wird uns auf der Basis unserer Talente und Fähigkeiten Mut geben, immer wieder aufs neue kreativ zu werden und Pläne und Einsichten umzusetzen. So wächst unser Handlungsspielraum, und so wird unsere Lebensgestaltung immer flexibler, befriedigender und befreiender.

Aber wir alle – oder sagen wir doch, die meisten von uns (die Autoren eingeschlossen) – dürften noch ein gutes Stück von der Vollkommenheit entfernt sein. Insofern ist es auch immer wieder belustigend, sich dabei zu entwickeln, wenn doch wieder einmal kleine Anflüge von Wichtigtuerei aus dem Ego hervorbrechen wollen. Und ist es nicht auch schön zu spüren, wenn uns unser innerer Meister wieder einmal auf eine unserer Halbherzigkeiten hinweist? Je klarer, unkomplizierter und damit um so schöner und attraktiver Reiki dargestellt und vermittelt wird, desto mehr Interessenten, Schüler werden auch von sich aus zu den Reiki-Lehrern strömen. Wir wünschen uns, daß die künftige Arbeit mit der Reiki-Kraft noch mehr von gegenseitigem Vertrauen getragen sein wird.

Wir können gar nicht genug betonen, wieviel uns daran liegt, daß in dieser Zeit wachsender persönlicher Belastungen immer mehr Menschen erfahren, welch ein Geschenk das Usui-System ist. Wir wünschen uns, daß sich noch viele Menschen von der Schönheit, Klarheit und Direktheit des Reiki-Systems angezogen fühlen, daß möglichst breiteste Bevölkerungskreise in den Genuß der Wachstumsmöglichkeiten kommen, die Reiki bietet. Wir wissen, daß wir mit diesem Wunsch nicht allein dastehen und fühlen uns auch von daher dazu ermutigt, einige Hinweise zur Evolution der Lehrenden (und weiterhin Lernenden) zu machen.

An dieser Stelle sei jedoch anzumerken, daß jedes System eine Stütze und Hilfe ist, genau wie jede Meditationsform eine Hilfe und eine Stütze darstellt. Ein Verharren im System, ein Festhalten an seinen Strukturen, ein Sitzenbleiben auf Titeln und Lorbeeren ist Stillstand, der ganz sicher nicht den Geist des Reiki repräsentiert. Reiki ist Lebensenergie, und Lebensenergie heißt Expansion und Evolution.

Leben, Lebensenergie, Universelle Lebensenergie sind mehr als das System, mit dessen Hilfe wir einen ersten Zugang bekommen haben, mit dessen Hilfe wir uns ein Stückchen unserer wahren Natur erinnern können. Es wäre bedauerlich, nicht zu sehen, daß Reiki gerade auch die Reiki-Lehrer über das Reiki-System hinausführen will. So ist es schließlich auch systemimmanent, daß der Reiki-Lehrer und die Reiki-Lehrerin im Wassermannzeitalter diese Klippe erkennen, umschiffen und hinter sich lassen und daß sie sich aufmachen zu wirklich neuen Ufern.

Letztlich ist auch ein System, das uns die Erfahrung Universeller Lebensenergie vermittelt, nur ein Schritt, den wir gehen, und eine Hilfe, unser Verständnis zu erweitern. Reiki ist Grundlage und auch Übergang zu mehr, als es ein System sein kann. Reiki ist für alle Praktizierenden, gerade aber auch für die Reiki-Lehrer im Wassermannzeitalter der berühmte Wink mit dem Zaunpfahl – ein Hinweis auf mehr.

Das typische Denken im Fischezeitalter bestand darin, daß mit der Absolvierung des Reiki-Lehrergrades so gut wie alles erreicht sei. Das Erkennen im Wassermannzeitalter zeigt uns, daß der Weg nun erst anfängt.

Wir alle sind Glieder in einer Kette, verbunden durch die gleiche Universelle Lebensenergie wie Perlen auf einer Schnur, und so mag sich auch die Erkenntnis einstellen, daß Reiki sich dahin entwickeln wird, daß es keine Reiki-Grade mehr gibt, keine Traditionslinien und keine Titel. Es wird eines Tages nur noch eine in allen Menschen frei fließende göttliche Universelle Lebensenergie geben. Dann werden auch keine Reiki-Lehrer im heutigen Sinne mehr praktizieren.

Gerade heute ist es allerdings noch wichtig, daß die Funktion des Reiki-Lehrers von vielen Frauen und Männern aus vollem Herzen wahrgenommen wird.

Reiki und mehr

Fast alles, was wir heute aus unserer Sicht im Zusammenhang mit Reiki für wissenswert halten, haben wir aufgeschrieben und sind eigentlich am Ende angelangt. Natürlich gäbe es noch vieles nachzutragen, zu ergänzen, weitere Sichtweisen einzubeziehen, aber wir glauben doch, daß unsere Bücher jeden, der sich für Reiki interessiert, umfassend in das Herz und den Geist des Usui-Systems eingeführt haben, soweit das geschriebene Wort dazu überhaupt in der Lage ist.

Dr. Usui hat uns allen die Möglichkeit erschlossen, einen ersten leicht begehbaren und unkomplizierten Zugang zu Universeller Lebensenergie zu erlangen. Aber dieses Usui-System ist, wie jedes System, auch nur ein Hilfsmittel – in seiner Direktheit und Einfachheit vielleicht eines der besten, aber eben nur eine Hilfe.

Wer ein Buch über Reiki liest, der sucht etwas. Jeder Mensch mag einen ganz persönlichen Anknüpfungspunkt haben, aber allen Lesern eines Reiki-Buches ist gemeinsam, daß sie auf der Suche sind. Wir wollen deshalb unsere Leser und Leserinnen an dieser Stelle dazu anregen, alles bisher Gesagte über das Thema Reiki einmal zur Seite zu stellen und eine Pause einzulegen, das Lesen zu stoppen und sich ganz tief im Inneren zu fragen:

Was suche ich wirklich?

Es ist nicht wichtig, ob wir schon eine Reiki-Einweihung empfangen haben, ob wir bereits andere Bücher über Reiki kennen oder ob wir uns nur interessehalber über Reiki informieren wollen, weil es ein Thema in den Medien ist. Und wenn wir den Wunsch in uns fühlen, dieses Reiki zu lernen, wenn wir bereit sind, uns Reiki-Einweihungen von einem Reiki-Lehrer oder einer Reiki-Lehrerin unserer Wahl geben zu lassen – was wünschen wir uns wirklich?

Was steht hinter dem Interesse, der Entscheidung, Reiki zu lernen, was steht hinter dem Anstoß, ein neues Buch über Reiki zu lesen, obwohl wir vielleicht schon jahrelang auf der Ebene des 2. Grades Reiki praktizieren? Was ist eigentlich der tiefere Sinn von Reiki? Sich gut fühlen, Alltagsprobleme harmonisieren, nachträglich Kindheitstraumata heilen, meditatives Erleben durch die Einweihung genießen – ist das Reiki?

Wer bis hierher gelesen hat, ist auf der Suche. Und obwohl das Reiki-System uns wunderbare Möglichkeiten geschenkt hat, vieles für uns und andere wieder ins Lot zu bringen – suchen wir nicht immer noch? Ist es nicht sogar so, daß uns die Universelle Lebensenergie etwas von den Belastungen, dem Streß, den Alltagssorgen von unserer Seele genommen hat, so daß jetzt mehr Raum in uns ist? Spüren wir deshalb vielleicht immer intensiver, daß wir uns auf einer Suche befinden?

Je mehr die Reiki-Praxis unser Leben auf verschiedensten Ebenen geklärt, ja gereinigt hat, desto weniger steht zwischen uns und unseren inneren Räumen. Wir haben unserem Ego früher gestattet, immer neue Dinge zu erfinden, zu erschaffen, die uns von uns selbst ablenkten. Das ist heute natürlich auch noch so, aber ein fortlaufender meditativ-bewußter Kontakt mit der Universellen Lebensenergie muß – das liegt in der Natur der Sache – dazu führen, von diesen Dingen, Umständen, Verhaltensweisen etwas mehr Abstand zu gewinnen. Dieser Abstand verschafft uns Raum, so daß wir mehr Gelegenheit, schlicht mehr Zeit haben, uns bewußt zu werden, daß es da noch etwas anderes geben muß.

Reiki, Universelle Lebensenergie, macht uns über all die wunderbaren Angebote ganzheitlicher Heilung hinaus ein Geschenk, das viel bedeutsamer für uns ist: Reiki räumt den Weg frei, so daß wir endlich anfangen können, wirklich zu suchen, ohne uns dabei immer nur selbst im Weg zu stehen.

Die Praxis des Reiki führt uns aus sich selbst heraus dahin, daß wir beginnen, uns den grundlegenderen Fragen unserer Existenz, unseres Seins zuzuwenden. Für uns ist dies das eigentliche Geschenk des Usui-Systems und der eigentliche Sinn des Reiki. Reiki verschafft uns einen Zugang zum Zugang – nicht mehr, aber auch nicht weniger.

Niemand ist gezwungen, dieses letzte und eigentliche Geschenk des Usui-Systems anzunehmen. Es steht jedem von uns frei, wunderbare Fernheilungen durchzuführen, sich mit Kristallen oder Bäumen zu verbinden, Wunderarzneien herzustellen und sich doch gleichzeitig durch weitere Identifikation immer wieder neue Hindernisse aufzubauen, neue Schwierigkeiten zu materialisieren, mehr als durch eine noch so intensive und noch so meditative Reiki-Praxis »geheilt« werden kann. Und vielleicht ist dieser Weg sogar für viele von uns im Moment genau der richtige, bedeutet er doch, daß wir immer wieder Neues, Mystisches, Wunderbares erleben dürfen. Und das ist ein gutes Gefühl, wie wir aus eigener Erfahrung wissen.

Aber es gibt noch einen anderen Grund, das letzte Geschenk des Usui-Systems (noch) nicht anzunehmen: Wer den Zugang zum Zugang findet, ist auf einem spirituellen

Weg, wird zum Sucher. Und dieser Weg ist eine Einbahn-straße. Chögyam Trungpa Rinpoche, Meditationslehrer der buddhistischen Kagyü-Linie, warnte jeden Sucher: »Man tut also besser daran, den spirituellen Weg erst gar nicht zu be-treten, wenn es nicht unbedingt sein muß. Hat man diesen Schritt jedoch einmal getan, ist es zu spät, und es gibt kein Zurück mehr.«

Reiki und mehr? Wir können uns leicht selbst der Täu-schung hingeben, daß wir uns geistig weiterentwickeln, während wir statt dessen nur unsere Ich-Bezogenheit durch spirituelle Techniken stärken.

Mein Weg zu Reiki – einige persönliche Bemerkungen

Vor einigen Jahren besuchte ich während einer Manage-ment-Fortbildung einen alten Freund, den ich längere Zeit aus den Augen verloren hatte. Beiläufig erzählte er mir, daß er gerade Reiki-Meister geworden sei. Zu diesem Zeitpunkt wußte ich noch nicht viel von der sogenannten Universellen Lebensenergie, ich hielt das Ganze eher für eine weitere der vielen Sekten und pseudoreligiösen Vereinigungen, die seit den achtziger Jahren wie Pilze aus dem Boden schossen. Aber wir kannten uns schon lange, deshalb wußte ich, daß mein Freund kein esoterischer Spinner war.

Als rastloser Sucher nach Spiritualität, Mystik und Uner-klärbarem ließ ich mir sofort eine sogenannte Einweihung von ihm geben. Schließlich hatte ich nicht jeden Tag die Ge-legenheit, einem »Meister der Energie« gegenüberzustehen, und es konnte ja nicht schaden, selbst etwas von dieser Energie, diesem Geist aus dem Universum zur Verfügung zu haben. So ganz nebenbei mit den Händen heilen zu können, übernatürliche Kräfte zu benutzen – das war doch etwas!

Und wenn es nicht funktionieren sollte, war schließlich kaum etwas verloren – die dreihundert Mark konnte ich damals aus der Westentasche zahlen. Ich war zwar leicht gekränkt, weil *mein* Freund für die Einweihung Geld nehmen wollte, was ich damals noch nicht verstand, aber meine Gier siegte – Gott sei Dank.

Die Einweihung selbst sowie die Folgezeit wurden zu einem Wendepunkt in meinem Leben. Ich konnte fühlen, wie meine Hände und Füße zu kribbeln anfingen, wie mein Körper heiß wurde, wo immer ich auch meine Hände auflegte. Es war eine aufregende Erfahrung, insbesondere auch dann, wenn ich anderen Reiki gab. Die neue Fähigkeit schmeichelte meinem Ego. Jetzt endlich konnte ich Dinge tun, wie sie sonst nur von Schamanen und Medizinmännern berichtet wurden.

Das alles glaubte ich, bis mir aufging, daß *ich* selbst dabei eigentlich gar nichts tat! Das, was geschah, war völlig unabhängig von mir, wenn ich von der Tatsache absah, daß ich meine Hände benutzte. Und selbst das war nach meiner Einweihung in den 2. Grad, die einige Monate später folgte, nicht mehr notwendig. Bei meiner Lehrer-Einweihung spürte ich die Tatsache besonders intensiv. Bis zum heutigen Tag erneuert sich die Erfahrung mit jedem Mal, wenn ich die Reiki-Kraft weitergebe.

Meine christliche Erziehung hatte ich lange hinter mir gelassen und mich – zumindest innerlich – bereits mit dreizehn Jahren von der katholischen Kirche losgesagt. Erst im Laufe meiner Reiki-Praxis begann ich zu verstehen, was ein Satz bedeutete, der mir aus dem Religionsunterricht haftengeblieben war: Nicht ich, sondern du durch mich!

Die Kraft meiner Gebete war wie die Unschuld meiner Kindertage dahingegangen. Die folgende innere Leere versuchte ich immer wieder mit verschiedensten Dingen zu füllen, mit den Dingen, die ein intellektuell angehauchter New-Age-Anhänger heute nun einmal ausprobiert. Neben Familienleben und meiner beruflichen Tätigkeit als Wirtschaftsingenieur machte ich Musik, praktizierte verschiedenste Meditationstechniken vom autogenen Training bis hin zu (falsch verstandenem) Zazen sowie unterschiedlichste Formen der Körper- und Psychotherapie, nur um immer wieder festzustellen, daß auch diese Technik nichts anderes war als ein weiteres Stück meiner Sammlung. Jede dieser Techniken brachte mich zwar etwas weiter, ließ mich immer mehr erkennen, fühlen, begreifen, aber weckte im Endeffekt immer nur den Wunsch nach noch mehr.

Vieles wurde mir im Verlauf meines Lebens geschenkt, vieles genommen. Alles das war notwendig, mich begreifen zu lassen, daß ich am Anfang stehe. Heute weiß ich, daß ich eigentlich gar nichts weiß. Aber ich habe erfahren, daß etwas in mir ist, das gleichzeitig unendlich viel größer ist als ich.

Reiki hat mir wieder einen Zugang zu diesem Unnennbaren – Gott, Buddha oder wie auch immer man es bezeichnen will – eröffnet, das ich seit meinen Kindheitstagen verloren zu haben glaubte. Reiki hat mich auf den Weg gebracht, immer mehr zu erkennen, wie unwichtig all mein intellektuelles Bücherwissen, all meine Gedanken und Meinungen letztlich sind. Wie viel mehr es bedeutet, weniger festzuhalten, und wie schwer es für mich ist, einfach loszulassen.

Über Reiki hinaus

Reiki als ein System Universeller Lebensenergie steht jedem Menschen zur Verfügung als eine Rückbesinnung auf den Kern des Menschseins. Reiki ist Geburtsrecht. Aber Geburt ist Beginn; was ist dann der Weg, was ist dann das Ziel?

Wir alle haben kulturelle und religiöse Inhalte in unser Leben eingepflanzt bekommen. Im Abendland ist es das Christentum, auch das Judentum, vielleicht der Islam. Grundlage dieser drei monotheistischen Weltreligionen ist der Glaube an einen allem übergeordneten Gott, der durch Hingabe persönlich erfahrbar wird. Viele hundert Millionen Hindus verehren Götter als Abbild der Aspekte des Daseins und erfahren dabei über Hingabe die Qualität des Herzens, sofern es nicht nur ein leeres Ritual ist.

Was bedeutet das Wort »Hingabe«, wenn wir uns einmal alle Konditionen wegdenken, einmal den Mut haben, alle Äußerlichkeiten, alle Niederwerfungen, alles Rosenkranzbeten als Hindernisse zu begreifen, weil wir damit ja eigentlich nur äußerlich »so tun als ob«? Wenn wir uns wirklich bewußtmachen, daß mit dem Wort »Hingabe« nicht gemeint sein kann, die Verantwortung für uns und unsere Entwicklung in die Hände eines anderen zu legen, daß alles von allein geschehen wird, wenn wir nur den Kopf beugen und genügend Opfergaben darbringen.

Schon die Einweihung in den 1. Reiki-Grad kann dem Menschen einen Zugang zu Kraft und Liebe ebnen, das Herz-Chakra öffnen, und damit den Weg freiräumen zur Hingabe an die Quelle allen Seins. Es ist bereits im 1. Reiki-Grad als »Ziel« angelegt, daß der Mensch ein Teilhaber am Universum wird oder, besser gesagt, sich dieser Teilhaberschaft erinnert. Aber da uns allen unser Kopf, unsere Ratio, unser »gesunder Menschenverstand«, unser Ego, im Wege steht, ist es letztlich und von Anfang an das Ziel von Reiki, daß wir lernen, unser Haupt vor der Unermeßlichkeit des Universums zu beugen. Der Zugang zur Reiki-Kraft, zur Universellen Lebensenergie, bedeutet für jeden Menschen: Wir alle sind Teil des Ganzen, in uns allen schwingt die gleiche Methode.

Aber wenn wir diese Präsenz wirklich erfahren wollen, müssen wir uns öffnen, uns hingeben. Hingeben von Herzen, nicht als Sklave. Selbstaufgabe mündet in Sklaverei, Hingabe an die Existenz beziehungsweise an verkörperte Erleuchtung, an Freiheit und absolute Bewußtheit, kann uns zur Erkenntnis unsres inneren Christus, unserer Buddhanatur führen, die seit Äonen darauf wartet, daß wir sie erkennen, sie wiedererkennen. Hingabe bedeutet auch, die Verantwortung nicht abgeben zu wollen dafür, daß wir uns selbst vollständig dem Gegenstand unserer Hingabe öffnen.

Reiki kann uns die in unserem Herzen schlummernde Liebe offenbaren und uns die Kraft und den Mut geben, innerlich und äußerlich das Haupt zu beugen vor der Quelle des Seins. Aber so wunderbar tief Reiki auch geht, ist es doch nicht mehr als ein Zugang zum Zugang, der zunächst einmal unsere verschlossenen Herzen öffnen will. Wenn wir tatsächlich den Weg der Erkenntnis gehen wollen, werden wir auch dieses noch zurücklassen müssen, um zu einem leeren Gefäß zu werden, in das einströmen kann, was wirklich ist.

Vom Reiki-Praktizierenden zum Disciple

Das dem Englischen entnommene Wort »Disciple« heißt wörtlich übersetzt Schüler, beinhaltet im Englischen aber viel mehr als in der deutschen Sprache. Wir Deutschen denken beim Wort »Schüler« normalerweise an Kinder und Jugendliche, die in die Schule gehen. Bezogen auf das Usui-*System* ist der Begriff »Schüler« gerade noch angemessen, weil damit zum Ausdruck gebracht wird, daß die Anwendung der Universellen Lebensenergie gelernt werden muß. Grundpositionen, Ganzbehandlung, Symbole und ihre Anwendung, Lebensregeln und vieles mehr werden im Rahmen eines Lehrer-Schüler-Verhältnisses weitergegeben.

Die *Einweihung* selbst fällt allerdings nicht unter dieses Begriffspaar, da hier der Schüler im herkömmlichen Sinne nichts lernt und der Lehrer nichts lehrt. Im Moment der Einweihung ist der Schüler nichts als ein leeres Gefäß, in das etwas einströmen kann, wenn er sich öffnet. Im Augenblick dieser Begegnung von Herz zu Herz ist der Lehrer lediglich ein Kanal, ein Werkzeug und Diener, der sich innerlich öffnet, um etwas geschehen zu lassen, was von ihm als Person vollkommen unabhängig ist. Das gilt im übrigen selbstverständlich auch im Rahmen einer Reiki-Behandlung, auch wenn einige Reiki-Behandler das vielleicht immer noch nicht gerne hören wollen. Diese Betrachtungsweise läßt es verständlich erscheinen, warum sich viele Reiki-Lehrer (oder auch Schüler des 3. Grades) Reiki-Meister nennen, denn der Begriff Lehrer bringt dieses Nichtstun, dieses absichtslose Handeln nicht so ohne weiteres zum Ausdruck. Wenn man es so sieht, kann sich jeder Reiki-Praktizierende gleich welchen Grades Meister nennen. Aber gehört nicht viel mehr dazu, Meister genannt zu werden?

Wir verbinden mit dem Begriff »*Meister*« im esoterisch-spirituellen Kontext Eigenschaften wie vollkommene Egolosigkeit, absolute Hingabe und unbegrenztes Mitgefühl. Und das sind Worte, deren wirkliche Tragweite wir erst begreifen können, wenn wir selbst diese Qualitäten repräsentieren. Wenn wir im Folgenden die Bezeichnungen »Meister«, »Guru« oder »spiritueller Freund« verwenden, meinen wir nichts weniger als dieses.

Auf das Verhältnis vom spirituellen Meister und dem Lernenden ist das Wort »Schüler« nicht mehr anwendbar. Auch der Begriff »Student« paßt nicht, denn Studenten besuchen eine höhere Lehranstalt, um sie mit einem Diplom zu verlassen. Wer sich als Student für einen Meister interessiert, versucht, sich diesem vom Kopf her zu nähern. Der Disciple öffnet dem Meister sein Herz. Das ist der entscheidende Unterschied.

Disciple zu werden bedeutet nichts anderes, als sich selbst vollständig zu öffnen. Es geht um nichts anderes, als sich selbst restlos hinzugeben, sich selbst auf eine mit Sicherheit sehr schmerzvolle Weise aufzugeben. Erst dann kann die wirkliche Begegnung von Geist zu Geist mit einem spirituellen Freund stattfinden. Nur dann hat ein spiritueller Meister die Möglichkeit, uns das zu schenken, was wir schon immer wollten. Wenn wir uns nur ein bißchen aufgeben, nur wenig hingeben, kann uns ein Meister auch nur ein bißchen schenken. Wir – nur wir allein, jeder von uns – trägt selbst die vollkommene Verantwortung für seine spirituelle Entwicklung. Wer sich zurückhält, sich lieber in vermeintlicher Sicherheit wähnt, wer gar glaubt, die Verantwortung für seine Erkenntnis, für sein Glück einfach an einen lebenden oder sogar toten Guru abgeben zu können, steht sich nur selbst im Weg. Das Jesuswort »Gebet, und euch wird gegeben« meint genau das.

Diese Qualität der Hingabe in vollem Vertrauen ist es, die Asiaten leichter fällt, die uns Westlern dagegen oft geradezu unmöglich erscheint. Doch das starke Interesse an Spiritualität in den letzten Jahren mag als Ausdruck der Sehnsucht des westlichen Menschen gelten, diese so essentielle Fähigkeit wiederzufinden. Reiki will und kann uns genau auf diesen Punkt stoßen. Und es ist so leicht, sagt das Herz.

Es gab und gibt Menschen, die den Weg allein gehen, ohne Schüler eines Meisters zu sein. Ihr Guru ist das Leben selbst. Die Entscheidung liegt bei jedem einzelnen. Aber warum sollen wir es uns schwerer machen, als es nötig ist. Ramana Maharshi sagte dazu: »Die Gnade des Meisters trägt mehr zur Verwirklichung bei als Lehren, Vorlesungen, Meditationen usw. Diese sind nur Hilfen zweiten Ranges, während die Gnade die erste und wesentliche Ursache ist.« Chögyam Trungpa Rinpoche antwortete auf die Frage, ob es möglich sei, auch ohne einen Lehrer die Dinge so zu sehen, wie sie sind, und sich selbst so zu sehen, wie man ist, unmißverständlich: »Man braucht einen spirituellen Freund, um sich selbst hinzugeben und völlig zu öffnen.« Und Gerhard Walter, zen-erfahrener Aikido-Lehrer, rät in *Connection Special Nr. 14* allen Suchern: »Wir müssen Nichttun lernen, lernen, uns selbst zu lassen. Dafür brauchst du einen Lehrer. Der Lehrer ist nicht gut, weise, richtig oder erleuchtet. Der Lehrer ist vielleicht der einzige, der weiß, daß er ein einfacher Mensch ist. Vergiß all die erleuchteten Meister, suche jemand, der dieses alles wieder losgelassen hat. Leider wirst du das Bombastische suchen. Doch du hast keine andere Chance, als deinem Gefühl zu vertrauen. Das Leben ist nun einmal so, wunderbar!« Die Herzenergie Reiki öffnet unser Herz immer mehr, wenn wir uns nicht dagegen sträuben. Das Angebot bleibt bestehen und wird von Grad zu Grad intensiver. Das Ziel und größte Geschenk von Reiki ist, daß der Reiki-Praktizierende eines Tages seinen Kopf beugt, daß er von Herzen her ein Disciple wird. Der wirkliche Weg fängt erst in diesem Moment an!

Wenn sich die Reiki-Praxis im Laufe der Zeit in diesem Punkt fokussiert, dann zeigt sich darin ihr höherer Sinn. Reiki ist im Grunde die Vorbereitung darauf, sich anvertrauen zu können, sich einem erleuchteten Meister, einem Buddha zu öffnen, der Mittler ist jenseits von Raum und Zeit. Reiki ist im Grunde genommen die Vorbereitung dafür, ein Disciple zu werden.

Was ist ein Disciple? Ein Disciple von Jesus Christus zum Beispiel glaubt nicht an ihn, damit er in den Himmel kommt, sondern lebt in ihm, um seinen eigenen inneren Christus wiederzuerkennen. Ein Disciple von Buddha muß nicht zwangsläufig dessen Sutras rezitieren und als Mönch leben. Die Klarheit des inneren Raumes zu erfahren, das ist es, was die Befreiung vom Rad des Samsara, der ewigen Wiedergeburt, ausmacht.

Mittler zur Quelle allen Seins sind diejenigen, die für sich das Mysterium des Lebens erkannt haben, die sich erinnert haben an ihren universellen, kosmischen, göttlichen Ursprung, an das, was jeder Mensch ist. Wir alle sind aufgefordert, einmal hinzuschauen, wie sich die Erkenntnis dessen im (lebenden) Menschen auswirkt. Wir alle sind aufgefordert, zu erspüren, wie es sich anfühlt, mit einer erleuchteten Präsenz der Bewußtheit konfrontiert zu werden, von ihr erfüllt zu werden, von ihr angeregt zu werden. Wir alle können die helfende Hand eines derjenigen ergreifen, die uns vorangegangen sind und die uns helfen wollen, die gleiche beglückende und befreiende Erfahrung zu machen, die sie selbst hatten.

Das meint aber nicht, sich in der Präsenz eines erleuchteten Meisters zu sonnen, sich später vielleicht an die Gefühle von Glück und »hoher Energie« zu erinnern und immer wieder diese seligen Erlebnisse zurückzurufen. Das bedeutet auch nicht, sein eigenes Ego indirekt dadurch aufzublähen, daß man sich immer dann hinter seinem Guru versteckt, wenn es besonders wichtig wird, sich einer konkreten Lebenssituation zu stellen und sie wirklich zu erfahren. Das bedeutet auch nicht, sich zurückzulehnen und im Brustton der Überzeugung zu verkünden: »Mein Meister macht das schon. Er ist alles, ich bin nichts.« Es bedeutet schlicht und einfach, sich seinem Guru – und dafür spielt es keine Rolle, ob es ein lebender oder verstorbener Mensch ist oder das Leben selbst – vollkommen hinzugeben, innerlich nackt dazustehen und wirklich zuzulassen, was im Augenblick passiert. Nur dann kann uns der Meister – als lebender

Mensch oder in Form einer Lebenssituation – das Geschenk machen, uns auf unserem spirituellen Weg ein Stück weiterzuhelfen.

Der Weg beginnt mit der Hingabe, er kann auch mit einer Initiation beginnen, sofern der Meister körperlich anwesend ist. Danach geht der Disciple den Weg allein, aber mit einer Stütze, die alles erleichtert oder gar erst ermöglicht. Wu Wei – den Weg zu gehen – gibt dem Leben des Menschen die unbenennbare Qualität, auf die es ankommt.

Die Wege sind verschieden und doch letztlich gleich. Auch die Buddhas sind gleich hinsichtlich ihrer kosmischen Erfahrung des Seins, aber hinsichtlich ihrer Individualität sind sie so verschieden, wie wir alle es sind. Völlig klar sollte an dieser Stelle sein, daß es nicht um die Person, um das Ego irgendeines Meisters geht. Das ist nicht mehr da. Die Individualität jedoch bleibt bestehen und findet in Erleuchteten ihren ganz besonderen Ausdruck, wie zum Beispiel an gewissermaßen komplementären Individuen wie Franz von Assisi und Matzu, dem Meister des Zen, ersichtlich ist. Größere Unterschiede als zwischen diesen beiden kann es kaum noch geben, aber in beiden strahlt die erleuchtete Buddhanatur, aus jeder ihrer Handlungen kündet der Geist Unendlichkeit.

Wilhelm Reich bezeichnet den Disciple, also den Menschen, der nach der Wahrheit gegraben und seinen Kopf gesenkt hat, als den genitalen Charakter, womit ein selbstbewußter, reifer Mensch gemeint ist. Dieser Mensch ist frei, aber es ist keine Freiheit *von*, es ist eine Freiheit *für* etwas. Disciple zu sein heißt, demütig zu sein. Aber das ist alles andere als schlapp und unselbständig, denn die Verbindung mit dem Meister, dem Guru, ist Quelle von Kraft und Mut. Disciple zu sein heißt auch, nirgendwo stehenzubleiben, sich auf keinen Lorbeeren auszuruhen oder aus Fähigkeiten

Egotrips zu machen. Weitergehen, immer wieder weitergehen auf dem Weg – das ist Hingabe. Auf dem Weg zu sein heißt, geerdet und vorurteilsfrei von Moment zu Moment zu leben. Auf den Weg zu kommen, das ist es, was uns die Reiki-Kraft zeigen kann.

Durch die Jahrhunderte hindurch war es üblich, alles aufzugeben, um den spirituellen Weg überhaupt beginnen zu können. Noch heute ist es zum Beispiel in Indien üblich, daß Familienväter, wenn die Kinder groß sind und die Frau versorgt ist, alles hinter sich lassen und bis an ihr Lebensende als Wandermönch durch das Land ziehen. Auch im christlichen Abendland war der Eintritt in einen Orden als Mönch oder Nonne mit dem Abbrechen aller Brücken zum weltlichen Leben verbunden.

Selbst heute gilt noch, daß viele Menschen erst alles verlieren müssen, vielleicht auch dem Tod ins Auge gesehen haben müssen, bevor sie wirklich wachsen können, bevor sie einen wirklich tief gehenden Wunsch nach Sinngebung, nach Veränderung ihres Lebens verspüren. Aber diese mit oft großen persönlichen Dramen und Härten verbundenen Formen der Annäherung sind nicht unbedingt notwendig, um sich einer spirituellen Lebensführung zu überlassen, um sich auf den Weg zu begeben.

Dr. Usui stellte der Welt mit dem System des Reiki eine in dieser Form wohl noch nie dagewesene Hilfe vor. Jedem Menschen steht es offen, sich von der Herzenergie Reiki berühren zu lassen und die neuen Erfahrungen in das Alltagsleben zu integrieren. Jedem Reiki-Praktizierenden steht es offen, immer mehr innere Hemmnisse abzubauen, sie wegzuschmelzen und sich so vom Herzen her seiner Buddhanatur zu öffnen.

Und was beinhaltet es nun wirklich, Reiki-Lehrer oder Reiki-Lehrerin zu sein? Es bedeutet, Disciple zu sein, lachen zu können, sich selbst und sein Tun nicht mehr so ernst zu nehmen und bei all dem gleichzeitig die Arbeit so gut zu tun, als wäre der Guru anwesend. Es bedeutet, sich selbst gerade in der Arbeit mit Reiki zurückzunehmen und etwas Größeres walten zu lassen, repräsentiert vielleicht durch einen personifizierten Meister oder das Leben selbst. Es bedeutet Hingabe. So fließt mit Reiki auch die Qualität der Erleuchtung, so unerleuchtet der Disciple, der Reiki-Lehrer auch sein mag.

Auch die Identifizierung mit (Heil-)Fähigkeiten, die durch den Reiki-Prozeß vielleicht eines Tages auftreten, kann so vermieden werden.

Das Ego sagt, daß es jetzt zum Guru geworden sei, zum Heiler oder Medium, hellsichtig oder sonstwie begabt. Und was sagt der Buddha dazu? Er sagt: »Geht weiter! Freut euch über die Talente, genießt alle Phänomene, die auf dem Weg auftauchen, laßt alles los, geht weiter.« Dies ist nicht nur der Rat des Buddha, es ist die Lehre aller erleuchteten Meister. »Ich bin der Weg, die Wahrheit und das Leben. Niemand kommt zum Vater denn durch mich.« So soll Jesus es gesagt haben; der Sinn ist der gleiche.

Ziel für einen Disciple ist es, immer normaler zu werden, geerdet zu leben und zu lernen, loszulassen und weiterzugehen. Und all das hat einen direkten Bezug zu Reiki, denn all das ist ja auch Bestandteil des Reiki-Prozesses: sich erfreuen, nicht stehenbleiben, loslassen, immer wieder weitergehen – und das hingebungsvoll, offen und stark.

Wie für den Disciple, so gilt auch für den Reiki-Praktizierenden von Anfang an: Nicht ich bin es, der hier eine Fähigkeit entwickelt hat. Es ist der innere Meister, der durchscheint, es ist der Meister, der mich leitet. Die Liebe zum Meister ist die tiefgehendste Verbindung, zu der wir Menschen fähig sind. Und gerade diese Verbindung ist es, die uns hilft, all unsere einengenden Gefühle zu überwinden. Gerade diese Liebe ist es, die unseren Geist erweckt.

Das Symbol des Wassermanns ist der Wasserträger, der den Geist ausgießt. Die Quelle ist universell und beinhaltet alle Wege: traditionelle, moderne und zukünftige. Die Meister repräsentieren das Leben selbst und wollen uns Menschen dies vermitteln. Erkennen, wiedererkennen, den Schlüssel wiederfinden, das müssen wir alle selbst.

So schließt sich hier der Kreis der Betrachtungen über die Universelle Lebensenergie, über Reiki, die mit der Frage »Was ist Reiki?« begannen. Am Ende dieses Buches, am Ende der Beschreibung des Reiki-Prozesses und den Gedanken über den Weg des Disciples bleibt nur noch der Wunsch, daß alle Menschen das Glück erfahren mögen, die bewußte Verbindung zu ihrer eigenen Buddhanatur wiederzufinden.

Auf dem Weg dahin bringt uns die geistige Haltung des inneren Reichtums Freude, und innere Wärme wächst mit dem Wegschmelzen von Aggression. Mitgefühl ist die irdische Qualität der Meditationspraxis. Die Universelle Lebensenergie kann uns den Weg weisen, wenn wir uns wirklich öffnen.

Wir danken unseren spirituellen Meistern und dem Leben selbst.

Literatur

Assistent, Niro Markoff: Das heilende Ja. Wie ich von Aids geheilt wurde. Aquamarin Verlag, Grafing 1993.

Berendt, Joachim E.: Nada Brahma. Die Welt ist Klang. Insel Verlag, Frankfurt am Main 1983.

Binder, Walter: Der Energiekörper im Feld der Reiki-Kraft. Verlag für Naturmedizin und Bioenergetik, Deggendorf 1990.

Blaszok, Beate/Rohr, Wulfing von: Reiki fürs Leben. Eine praktische Einführung in beide Reiki-Systeme. Goldmann Verlag, München 1994.

Bolen, Jean Shinoda: Tao der Psychologie. Sinnvolle Zufälle. Sphinx Verlag, Basel 1989.

Brunton, Paul: Entdecke dich selbst. Verlag Hermann Bauer, Freiburg 1991.

Cousto, Hans: Die kosmische Oktave. Der Weg zur universellen Entwicklung. Synthesis Verlag, Essen 1991.

Cousto, Hans: Die Oktave – das Urgesetz der Harmonie. Planeten Töne, Farben, Kräfte, innere Schwingungen. 3. Aufl. Verlag Simon & Leutner, Berlin 1991.

Cousto, Hans: Klänge, Bilder, Welten. Musik im Einklang mit der Natur. Verlag Simon & Leutner, Berlin 1989.

Cousto, Hans/Pauschel, Matthias: Orpheus-Handbuch. Die Wirkung der Rhythmen unserer Erde auf Körper, Seele und Geist. Verlag Simon & Leutner, Berlin 1992.

Dalichow, Irene/Booth, Mike: Aura-Soma. Heilung durch Farbe, Pflanzen- und Edelsteintherapie. Verlag Droemer Knaur, München 1994.

Devereux, Charla: Aromatherapie. Die heilenden Düfte. Goldmann Verlag, München 1994.

Diamond, John: Die heilende Kraft der Emotionen. 8. Aufl. Verlag für angewandte Kinesiologie, Freiburg 1994.

Distel, Wolfgang/Wellmann, Wolfgang: Das Herz des Reiki – Dai Komio. Goldmann Verlag, München 1995.

Dorcsi, Matthias: Homöopathie heute. Ein praktisches Handbuch. Rowohlt Verlag, Reinbek 1991.

Gasper, Hans/Müller, Joachim/Valentin, Friederike (Hrsg.): Lexikon der Sekten, Sondergruppen und Weltanschauungen. Herder Verlag, Freiburg 1994.

Gottschalk, Herbert: Lexikon der Mythologie. Heyne Verlag, München 1993.

Govinda, Lama Anagarika: Grundlagen tibetischer Mystik. Die geheime Lehre des großen Mantra. 5. Aufl. Verlag O. W. Barth/Scherz, Bern u. a. 1982.

Hartmann, Jane E.: Die Heilkraft der richtigen Schwingungen. Radionik und Pendeln. Hugendubel Verlag, München 1991.

Hoffmann, Enid: Huna. Für Einsteiger und Praktiker. Verlag Hermann Bauer, Freiburg 1992.

Horan, Paula: Die Reiki-Kraft. Das Handbuch für persönliche und globale Transformationen. 6. Aufl. Windpferd Verlag, Aitrang 1992.

Inayat Khan, Hazrath: Das Erwachen des menschlichen Geistes. Synthesis Verlag, Essen 1982.

Jantsch, Erich: Die Selbstorganisation des Universums. Vom Urknall zum menschlichen Geist. Hanser Verlag, München 1992.

Kakuska, Rainer: Der Esoterik-Leitfaden. Heyne Verlag, München 1994.

King, Serge: Begegnung mit dem verborgenen Ich. Ein Arbeitsbuch zur Huna-Magie. 2. Aufl. Aurum Verlag, Braunschweig 1993.

Long, Max F.: Kahuna-Magie. Die Lösung vieler Lebensprobleme durch praktisch angewandte Magie. 3. Aufl. Verlag Hermann Bauer, Freiburg 1993.

Lübeck, Walter: Rainbow-Reiki. Alte und neue Techniken zur Erweiterung des Reiki-Systems um kraftvolle spirituelle Fähigkeiten. Windpferd Verlag, Aitrang 1994.

Musashi, Miyamoto: Das Buch der fünf Ringe. 2. Aufl. Econ Verlag, Düsseldorf 1993.

Nydal, Ole: Mahamudra. Freude und Freiheit, grenzenlos. Joy Verlag, Sulzberg 1988.

Nydal, Ole: Über alle Grenzen. Joy Verlag, Sulzberg 1994.

O'Connor, Joseph/Seymour, John: Neurolinguistisches Programmieren. Gelungene Kommunikation und persönliche Entfaltung. 3. Aufl. Verlag für angewandte Kinesiologie, Freiburg 1994.

Osho: Das Orangene Buch. Die Meditationstechniken. 5. Aufl. Osho Verlag, Köln 1989.

Osho: Der neue Mensch: die einzige Hoffnung für die Zukunft.
Rebel Publishing House, Köln 1987.

Osho: Gold Nuggets. Neue Texte zur Kunst des Seins. 2. Aufl.
Rebel Publishing House, Köln 1991.

Osho: Meditation. Die erste und letzte Freiheit. Handbuch der
Meditation. Osho Verlag, Köln 1991.

Osho: Psychology of the Esoteric. Talks on the Evolution of Men's
Consciousness. Reprint. Osho Verlag, Köln.

Osho: Zen. The Diamond Thunderbolt. Rebel Publishing House,
Köln 1988.

Pearce, Joseph Chilton: Die heilende Kraft. Östliche Meditation in
westlicher Deutung. Wunderlich Verlag, Tübingen 1983.

Purucker, Gottfried von: Esoterische Philosophie – Wörterbuch.
Verlag Esoterische Philosophie, Hannover 1991.

Ramana Maharashi: Gespräche des Weisen vom Berge
Arunachala. 2. Aufl. Ansata Verlag, Interlaken 1989.

Raphaell, Katrina: Heilen mit Kristallen. Die therapeutische
Anwendung von Kristallen und Edelsteinen. Verlag Droemer
Knaur, München 1992.

Sabetti, Stephano: Lebensenergie. Erscheinungsformen und
Wirkungsweise. Verlag O. W. Barth/Scherz, Bern u. a. 1992.

Scheffer, Mechthild: Bach-Blütentherapie. Theorie und Praxis.
21. Aufl. Hugendubel Verlag, München 1994.

Schellenbaum, Peter: Abschied von der Selbstzerstörung.
Befreiung der Lebensenergie. Deutscher Taschenbuch Verlag,
München 1992.

Schellenbaum, Peter: Die Wunde der Ungeliebten. Blockierung
und Verlebendigung der Liebe. Deutscher Taschenbuch Verlag,
München 1992.

Schulte, Stephan: Reiki und Energiearbeit. Eine umfassende
Einführung in Reiki und den Umgang mit energetischen
Prozessen. Windpferd Verlag, Aitrang 1994.

Sharamon, Shalila/Baginski, Bodo J.: Einverstandensein. Die
Erlösung des Schattens. 3. Aufl. Windpferd Verlag, Aitrang 1993.

Sheldrake, Rupert A.: Das Gedächtnis der Natur. Das Geheimnis
der Entstehung der Formen in der Natur. Piper Verlag, München 1993.

Sheldrake, Rupert A.: Das schöpferische Universum. Goldmann
Verlag, München 1991.

Strzempa-Depré, Michael: Die Physik der Erleuchtung. Der
Versuch einer physikalischen Betrachtung unserer Spiritualität.
Goldmann Verlag, München 1988.

Suzuki, Shunryu: Zen-Geist, Anfänger-Geist. Unterweisungen in
   Zen-Meditation. 6. Aufl. Theseus Verlag, Küsnacht 1993.
Takuan, Meister: Zen in der Kunst des kampflosen Kampfes.
   Verlag O. W. Barth/Scherz, Bern u. a. 1993.
Trungpa, Chögyam: Das Buch vom meditativen Leben. Rowohlt
   Verlag, Reinbek 1991.
Trungpa, Chögyam: Spirituellen Materialismus durchschneiden.
   Wie die Selbsttäuschung auf dem geistigen Weg zu erkennen ist.
   2. Aufl. Theseus Verlag, Küsnacht 1993.
Vithoulkas, Georgos: Die wissenschaftliche Homöopathie. Theorie
   und Praxis des naturgesetzlichen Heilens. 5. Aufl. Burgdorf
   Verlag, Göttingen 1993.
Weltzien, Diane von (Hrsg.): Das große Praxisbuch der Esoterik.
   Goldmann Verlag, München 1994.
Yogananda, Paramahansa: Wissenschaftliche Heilmeditationen.
   Theorie und praktische Anwendung der Konzentration.
   6. Aufl. Verlag O. W. Barth/Scherz, Bern u. a. 1981.